KLEINE AUSZEITEN
IM

-TAUNUS & HUNSRÜCK-

KLEINE AUSZEITEN IM

-TAUNUS & HUNSRÜCK-

UDO BERNHART & HERBERT TASCHLER

WOCHENEND & WOHNMOBIL

CAMPING- & STELLPLÄTZE · HIGHLIGHTS · AKTIVITÄTEN

BRUCKMANN

INHALT

Sonnenuntergangsstimmung am Losheimer Stausee im Naturpark Saar-Hunsrück

HESSEN & RHEINLAND-PFALZ

Unterwegs im Taunus und Hunsrück

Kurparks und Brunnen prägen die einladende Jugendstil-Kurstadt Bad Nauheim.

»Die Höhe«, so nannten die Menschen den Taunus mit seinem Wahrzeichen, dem Großen Feldberg, einst. Und wahrlich: Das Mittelgebirge ist voller Höhepunkte – und hat vieles auf hohem Niveau zu bieten. Doch Höhe prägt auch den Hunsrück im Herzen von Rheinland-Pfalz, eine von tiefen Tälern durchfurchte Hochebene, die von Rhein, Mosel und Nahe begrenzt wird.

Einsame Wälder voller Naturdenkmäler, versteckte und geheimnisvolle Spuren vergangener Kulturen, bekannte Berggipfel, weitläufige Täler und eine Vielzahl von Möglichkeiten zur Freizeitgestaltung … im Taunus und Hunsrück kommen Besucher und Erholungsuchende mit den unterschiedlichsten Interessen voll auf ihre Kosten. Denn hier vereinen sich Natur und Erlebnis, Kultur und Geschichte, Spiel und Sport, Entspannung und Genuss.

DER TAUNUS

Der Taunus gilt als eines der schönsten Mittelgebirge der Welt und hat bis heute nichts von seiner ursprünglichen Schönheit verloren. Geografisch gesehen ist er ein Teil des Rheinischen Schiefergebirges, etwa 75 Kilometer lang und 35 Kilometer breit. Der Große Feldberg ist der höchste Berg im Naturpark Taunus. Mit seinen 879 Meter Höhe zählen er und der nahe Kleine Feldberg (825 Meter) zu den markantesten Mittelgebirgsmassiven in Deutschland. Die rund 2700 Quadratkilometer Fläche des Taunus befinden sich vor allem auf hessischem Territorium. Im Norden wird das Mittelgebirge durch den Fluss Lahn von den benachbarten Naturräumen abgegrenzt. Östlich reicht »die Höhe« bis zur Hälfte in die Wetterau mit den beiden Flüssen Wetter und Nidda hinein. Im Süden grenzt der Taunus direkt an die Main-Metropole Frankfurt und die Rebflächen des Rheingaus. Und im Westen ist es schließlich das obere Mittelrheintal mit seinen schroffen Felsen, das den Taunus vom nahe gelegenen Hunsrück abgrenzt.

DIE LANDSCHAFT

Durch den quer verlaufenden Limes, die ehemalige Grenze zwischen dem Römischen Reich und den germanischen Stammesgebieten, wird der Taunus in unterschiedliche Abschnitte gegliedert: den südlich gelegenen Vordertaunus, dessen mit Streuobstwiesen bedeckte Ausläufer bis in die

Mainebene reichen, und das nördlich des Limes gelegene Usinger Land mit dem wildromantischen Weiltal. Der Untertaunus mit dem größten geschlossenen Waldgebiet Hessens erstreckt sich zwischen Weinreben und der Grenze zu Rheinland-Pfalz. Im Hoch- und Vordertaunus mit dem Großen und Kleinen Feldberg dominieren bewaldete und teils steile Mittelgebirgsabschnitte, im Gebiet nördlich des hohen Taunus vor allem weitläufige Täler und Äcker. Das Wispertal zählt zu den schönsten Nebentälern des Rheins. Tief eingeschnitten in die Schieferhänge des Taunus, bildet die untere Hälfte der Wisper ein kurvenreiches Tal, das von der Natur reich gesegnet wurde. Das Weiltal eröffnet die landschaftlichen Schönheiten des nördlichen Hochtaunus. Der knapp 50 Kilometer lange Weiltalweg verläuft immer parallel zum Flussbett der Weil.

NATURPARKS UND HEILQUELLEN

Im landschaftlich vielfältigen Taunus liegen insgesamt drei Naturparks. Der Naturpark Taunus beinhaltet den östlichen Taunushauptkamm mit dem Großen Feldberg und erstreckt sich über den östlichen Hintertaunus bis in das Weilburger Lahntalgebiet hin nach Norden. Auf seinem Gelände befindet sich auch der 2005 gegründete Heilklimapark Hochtaunus, der erste seiner Art in Deutschland. Im Nordwesten umfasst der Naturpark Nassau Teile des westlichen Hintertaunus, während der Naturpark Rhein-Taunus sich im Westen befindet.

An stehenden Gewässer, Weihern und Seen ist der Taunus vergleichsweise arm. Von großer Bedeutung sind dafür die Vorkommen an Mineral- und Heilquellen - die Basis für eine Reihe von bedeutenden und bekannten Heilbädern und mondänen Kurorten, in denen sich alljährlich die europäische Aristokratie traf. Die Quellen wurden teilweise sogar schon von den Römern genutzt. Und der Begriff Selterswasser, benannt nach den Quellen in Niederselters, ist in der ganzen Welt zu einem Synonym für kohlensäurehaltiges Mineralwasser geworden.

KURSTÄDTE SATT

Der Vordertaunus ist die am dichtesten besiedelte Region des Mittelgebirges. Hier laden vorbildlich restaurierte Altstädte und Dorfkerne sowie bekannte Heilbäder zum Besuch. Bad Nauheim beispielsweise ist

Der Mäuseturm auf der Rheininsel bei Bingen ist ein ehemaliger Wachturm.

Gesundheitsstadt und Kneippkurort. An der Nahtstelle zwischen Taunus und Wetterau steigt aus über 200 Meter Tiefe salzhaltiges Wasser, die Sole, auf. Bad Homburg vor der Höhe wiederum ist ehemalige Residenzstadt der Landgrafen von Hessen-Homburg und war Sommersitz der deutschen Kaiser-Familien. Die renommierte und einst viel besuchten Kurstadt mit aristokratisch-urbanem Flair pflegt ihre Traditionen.
An den Südhängen des Taunus liegt Bad Soden, im Mittelalter bekannt für Salz und Warmquellen. Der Ort ist Teil der Stadtregion Frankfurt, der größten Agglomeration im Rhein-Main-Gebiet. Kronberg hat über die Jahrhunderte hinweg seinen historisch gewachsenen Charakter bewahrt. Die Burg, die malerischen Altstadtgassen mit ihren Fachwerkhäusern sowie die herrschaftlichen Villen aus der Zeit der vorigen Jahrhundertwende mit den parkähnlichen Gärten prägen die Atmosphäre der Stadt bis heute. Königstein erlebte seinen wirtschaftlichen Aufschwung mit der Errichtung einer Kaltwasserheilanstalt im Jahr 1851. Bereits 1935 erhielt die Stadt im Naturpark Taunus das Prädikat »Heilklimatischer Kurort«. Das reizarme Klima wirkt sich positiv auf den menschlichen Organismus aus. 1102 erstmals urkundlich erwähnt wurde Idstein. Im Jahr 1287 erhielt die Stadt, die heute mit ihrem mittelalterlichen Stadtkern mit vielen Fachwerkbauten strahlt, von Rudolf von Habsburg die Stadtrechte.

Entspannt wandern kann man auf dem Wisper Trail im Wispertaunus.

Die hessische Landeshauptstadt Wiesbaden mit ihren 15 Thermal- und Mineralquellen ist eines der ältesten Kurbäder Europas und einer der beliebtesten europäischen Kur- und Badeorte der Belle Époque. Klassizismus, Historismus und Jugendstil prägen noch heute das Bild der Stadt. Eines der ältesten hessischen Heilbäder und zugleich anerkannter Kneippkurort ist das idyllisch im westlichen Taunus vor den Toren des Weinbaugebietes Rheingau gelegene Bad Schwalbach.

REGIONALE KULINARIK

Mit einem vielseitigen und abwechslungsreichen Angebot wartet die Küche im Taunus auf. Das Motto „aus der Region für die Region" steht dabei im Mittelpunkt. Ein Großteil aller Speisen und Getränke – vom Gemüse und Obst über Fleisch und Milchprodukte bis zum Apfelwein und Bier – kommt direkt von der heimischen Landwirtschaft und aus eigener Herstellung. Die kulinarische Bandbreite reicht von frisch zubereitetem Handkäs über die klassische Grüne Soße, Bratwurstspezialitäten, Kartoffelwurst und Schwartenmagen, vom Käsekuchen bis hin zum frisch gekelterten Apfelwein.

DER HUNSRÜCK

Umgeben von Eifel und Westerwald, dem Rheingau und der Pfalz, liegt der Hunsrück im Herzen des Bundeslandes Rheinland-Pfalz. Es ist eine von tiefen Tälern durchfurchte Hochebene zwischen 200 und 800 Metern über dem Meeresspiegel, die von den Flüssen Rhein, Mosel und Nahe begrenzt wird. Das Gebiet ist etwa 4400 Quadratkilometer groß, und über 40 Prozent der Fläche sind von Wäldern bedeckt. Neben diesen prägt die Landwirtschaft mit Äckern und grünen Wiesen das Bild, das sich dem Besucher bietet.

Den Kern des Hunsrück bilden die Hunsrückhochfläche und die Simmerner Mulde. Der Erbeskopf ist mit einer Höhe von 816 Metern der höchste Berg im Hunsrück und in Rheinland-Pfalz. Er liegt im Südwesten im Naturpark Saar-Hunsrück und am nördlichen Rand des Nationalparks Hunsrück-Hochwald. Der Hunsrück hat eine Südwest-Nordost-Ausdehnung von circa 100 Kilometern, von Nordwest nach Südost erreicht er im Südwesten zur Saar und Ruwer bis zu 20 Kilometer, im Nordosten zum Rhein bis zu 35 Kilometer.

TRAUMHAFTE WANDERWEGE

»Traumschleifen« werden die Wanderwege im Hunsrück genannt, denn sie laden zum Träumen ein. 111 solcher Traumschleifen möchten in dem Mittelgebirge, in dem Märchen und Sagen in den Tälern und Höhenzügen lebendig zu werden scheinen, entdeckt und erwandert werden. Hinzu kommen die Fernwanderwege Soonwaldsteig und Saar-Hunsrück-Steig. Letzterer wartet mit einer besonderen Attraktion auf: Die Geierlay-Hängeseilbrücke ist Deutschlands längste Hängebrücke und überspannt mit ihren 360 Metern das Mörsdorfer Bachtal.

Der Saar-Hunsrück-Steig führt über 410 Kilometer von Perl an der Mosel über Idar-Oberstein und Boppard nach Trier. Die 25 Etappen können aber auch einzeln erwandert werden. Die Heimatschleife gilt als die schönste der Traumschleifen. Sie ist als »anspruchsvoll« eingestuft, doch dafür kann man auf den rund elf Kilometern atemberaubende Rundblicke erleben, u. a. vom 16 Meter hohen Aussichtsturm Koppenstein.

Der Hunsrück bietet also ideale Bedingungen zum Wandern. Das Netz an Wanderwegen ist bestens ausgeschildert, sodass jeder – ob Spaziergang oder anspruchsvolle Wanderung – in seiner Region die passende Strecke finden wird.

KLEINSTADT-JUWELEN

Vier reizende landschaftliche Gebiete treffen in Bingen am Rhein aufeinander: im Norden das romantische Rheintal, im Südwesten das Naheland, im Süden und Osten das hügelige Rheinhessen und im Nordosten der verträumte Rheingau. In der Mittelgebirgslandschaft des Hunsrücks, in der Simmerner Mulde, liegt die Kreisstadt Simmern mit ihrem alten Stadtkern. Die älteste Stadt auf dem Hunsrück, die »Stadt auf dem Berg«, ist Kirchberg. Sie liegt am Schnittpunkt der alten Straßenverbindung Trier–Kirchberg–Bingen–Mainz und der Römerstraße mit dem Keltenweg Nahe–Mosel.

Am südlichen Rand des Nationalparks Hunsrück-Hochwald und beiderseits der Nahe liegt, eingebettet in einer der schönsten deutschen Mittelgebirgslandschaften, Idar-Oberstein. Das »EdelSteinLand« stellt ein Eldorado für Edelstein- und Naturliebhaber dar. Und die Kleinstadt Saarburg lockt, eingebettet in Weinberge und Wälder, mit ihrer Lage unterhalb des Burgberges der alten Festung Saarburg – direkt an der Saar.

TRADITIONELLE KÜCHE

Der Hunsrück ist recht dünn besiedelt. Nur rund 125.000 Menschen leben hier. Und die sind besonders stolz auf ihre wunderschöne, wenig berührte Heimat, ihre Geschichte und Kultur sowie ihre kulinarische Tradition. Dabei geht es in der Küche recht deftig zu. Der Original Hunsrücker Schwenkbraten, die Kartoffelwurst und die »Gefillten« (gefüllte Klöße) stehen im Mittelpunkt. Gern auf den Teller kommt im Hunsrück die Kartoffel, im Volksmund auch »Grumbeer« oder »Grumbier« genannt. Sogar ein eigenes Festival ist ihr gewidmet: die »Kartoffeltage Saar-Hunsrück«.

Tipp

Das Taunus-Informationszentrum in Oberursel (Taunus) an der Hohemarkstraße 192 bildet den traditionellen Start- und Treffpunkt für Touren in die Gegend. Hier erfahren Besucher alles, was Sie wissen müssen, um die schönsten Ecken des Taunus zu entdecken (Tel. 06171/50780, taunus.info). Für wertvolle Informationen rund um den Hunsrück ist die Hunsrück Touristik zuständig. Sie befindet sich in Gebäude 663 am Hahn-Flughafen (Tel. 06543/507700, hunsruecktouristik.de).

◀ Der Marktplatz von Bad Camberg ▶ Der Sprudelhof in Bad Nauheim

ALS CAMPER UNTERWEGS

Unterwegs mit dem Wohnmobil, Motorrad oder Fahrrad samt Zelt – ein Campingurlaub zählt für viele Reisende zu den schönsten, spannendsten und abenteuerlichsten Formen des Reisens. Freiheit und Naturerlebnis stehen dabei im Mittelpunkt. Wohnmobiltouristen und Campingurlauber können frei von irgendwelchen Zwängen individuell entscheiden, wie lange sie sich an einem Ort aufhalten und welche Freizeitaktivitäten auf dem Tagesprogramm stehen.

Campingurlaub lebt davon, dass man sein »Lager« dort aufschlägt, wo es einem gerade gefällt – im erlaubten Rahmen natürlich. Das Angebot an gut ausgestatteten und einladenden Camping- und Stellplätzen im Taunus und Hunsrück ist groß. Die Gegend ist voll von schönen Orten, die dazu einladen, das Land kreuz und quer zu bereisen und sich an immer neuen, unbekannten Plätzen niederzulassen. Reisen im Wohnmobil ermöglicht es, Land und Leute langsamer und intensiver zu erkunden. Dieser Reiseführer ist für alle gedacht, die dabei etwas mehr vom Taunus und Hunsrück sehen und erleben wollen. Viel Spaß und Genuss auf Ihrer Entdeckungsreise!

BAD NAUHEIM

Vom Salzsiederdorf zur Kurstadt

Blütenpracht vor der evangelischen »Dankeskirche« in Bad Nauheim

1

Die Gesundheitsstadt Bad Nauheim trägt das Prädikat »Kneippkurort«. An der Nahtstelle zwischen Taunus und Wetterau steigt aus über 200 Meter Tiefe salzhaltiges Wasser, die Sole, auf. Das an Spurenelementen, natürlicher Kohlensäure und Eisen reiche Wasser kommt im Sprudelhof dampfend und schäumend in Fontänen ans Tageslicht.

Die Nutzung der Solquellen, die am Fuße des Johannisbergs zutage treten, lässt sich bis in das 5. vorchristliche Jahrhundert zurückverfolgen, als hier keltische Salzsieder lebten. Fränkische Siedler gründeten um 900 n. Chr. das Dörfchen Niwiheim und lebten ebenfalls von der Salzgewinnung. Im Mittelalter wurde sie von einer eigenen Söderzunft betrieben.
Eine Nacht kurz vor Weihnachten im Jahr 1846 hat die Geschichte des Salzsiederdorfs für immer verändert. Aus einem Bohrloch brach plötzlich ein mächtiger Solestrahl schäumend durch die Abdeckung. Dieses »Weihnachtswunder« war der Beginn der Entwicklung Bad Nauheims zum modernen Herzheilbad und zu einer erlebnisreichen Kurstadt. 1854 erhielt der Ort das Stadtrecht und 15 Jahre später die Bezeichnung »Bad«. In den folgenden Jahrzehnten stieg Bad Nauheim zum renommierten Heilbad für Herz- und Kreislauferkrankungen auf.

DAS WAHRZEICHEN DER STADT

Der **Sprudelhof** ist Bad Nauheims Wahrzeichen. Und die Bad Nauheimer sind zu Recht stolz auf das größte geschlossene Jugendstil-Ensemble Europas. Die ehemalige Kuranlage ist ein Gesamtkunstwerk und zeigt eindrucksvoll die Verbindung von Architektur, freier und angewandter Kunst sowie Garten- und Platzgestaltung.
Hier spürt der Besucher die Geschichte Bad Nauheims als Weltbad. Die Kuranlage wurde zwischen 1905 und 1911 im Jugendstil erbaut und zählt sechs Badehäuser mit Wartesälen und insgesamt 265 Badezellen. Wartesäle, Innenhöfe und die Wannen im Badehaus 3 sind noch im Original erhalten und versetzen Besucher in die Zeit um 1900 – mit Masken aus Keramik, Brunnen aus honigfarbener Terrakotta, Kohlensäurebläschen, Nixen, Wellenornamenten und Seepferdchen. Im Zentrum der zum Kurpark offenen, hofähnlichen Anlage befinden sich die zwei charakteristischen Sprudel.

Vertreter der Künstlerkolonie auf der Darmstädter Mathildenhöhe – darunter Jakob Julius Scharvogel, Wilhelm Kleukens, Albin Müller und Heinrich Jobst – übernahmen Anfang des 20. Jahrhunderts den Neubau der Bad Nauheimer Badeanlagen. Der Architekt Wilhelm Jost verlieh dem Sprudelhof seine Gestalt.

GESUNDHEIT IM FOKUS

Einst weilte der europäische Hochadel in Bad Nauheim zur Kur. **Berühmte Badegäste** waren unter den gekrönten Häuptern Kaiser Franz Joseph I. und Kaiserin Elisabeth von Österreich, das deutsche Kaiserpaar Wilhelm I. und Augusta, Zar Nikolaus II. und Zarin Alexandra Feodorowna. Insbesondere Herzkranke kamen durch das Baden im Wasser der Mineralheilquellen wieder zu Kräften. Anzuwenden ist die Bad Nauheimer Sole als Trinkkur, beim Inhalieren an den Gradierbauten oder bei Wannenbädern. Heute sorgen 13 hochmoderne Kliniken, renommierte Ärzte und bedeutende wissenschaftliche Institutionen wie das Max-Planck-Institut für Herz- und Lungenforschung für die Gesundheit der Patienten.

Der »Große Teich« im Kurpark vom Bad Nauheim

Markante Erscheinungen im Stadtbild von Bad Nauheim: die Gradierbauten

STILVOLLE ANLAGE

Zwischen 1910 und 1912 entstand die **Trinkkuranlage** nach Entwürfen des Architekten Wilhelm Jost. Die hufeisenförmige Jugendstil-Anlage umschließt einen Innenhof mit einer Trinkhalle, Wandelgängen und einer großen Konzertmuschel, der ein rechteckiges Wasserbecken vorgelagert ist. Das Juwel des Gebäude-Ensembles bildet der achteckige **Kurbrunnentempel**, der mit seiner Quellenfassung seinerzeit zum »Baptisterium des Heilwassers« erhoben wurde. Auch die angrenzende **Trinkhalle** erinnert an eine antike Therme oder frühchristliche Kirche. Mittelpunkt der Trinkhalle ist der vergoldete Quellenausschank, an dem noch heute Heilwasser von drei Brunnen – dem Kur- (salzig), Karls- (sprudelnd) und Ludwigsbrunnen (mild) – ausgeschenkt wird.

BAD NAUHEIMS GRÜNE LUNGE

Bad Nauheims Innenstadt ist eine grüne Oase: Die zentral gelegenen Parks laden zum Spazierengehen, man kann hier Kraft tanken und eine vielfältige Pflanzen- und Tierwelt entdecken. Die grüne Lunge der Stadt zieht zahlreiche Besucher und Kurgäste in ihren Bann.

Die Grundrisse des **historischen Kurparks** in Bad Nauheim legte der berühmte Gartenarchitekt Heinrich Siesmayer, der Gründer des Palmengartens in Frankfurt am Main. Von 1857 bis 1862 gestaltete er den Kurpark im Stil eines englischen Landschaftsparks – mit alten Bäumen, dichtem Buschwerk, luftigen Freiflächen, idyllischen Teichen und botanischen Raritäten. Charakteristisch für den Kurpark sind die Bänke mit ihren rot-weiß gestreiften Sonnendächern. Entlang des Rundwegs durch den Kurpark informieren Tafeln über die botanischen Raritäten.

◀ ▲ Schmucke Details in der Bad Nauheimer Altstadt ▼ Das alte Pumpwerk in der Nauheimer Saline

MÜHLCHEN Empfehlenswert für die kleine Kaffeepause zwischendurch. Hier gibt es vor allem herzhafte und tagesaktuelle Gerichte. Neue Kolonade 4, Tel. 06032/59 13

TEICHHAUS Wer gerne gediegen speisen möchte, kann dies hier mit schönem Blick auf den großen Teich im Kurpark tun. Nördlicher Park 16, Tel. 06032/92 78 50, teichhaus.de

Tipp

Am Großen Teich im Kurpark empfiehlt sich eine Fahrt mit dem Ruder- oder Tretboot – eine wunderbare Auszeit, die gleichzeitig eine neue Perspektive auf die Umgebung ermöglicht. Auf der Minigolfanlage im Kurpark wiederum kann die ganze Familie ihr Geschick unter Beweis stellen – Spaßfaktor inklusive. Wer lieber eine Partie Schach mit überdimensionierten Figuren oder Boule spielt, findet im Park ebenfalls Angebote, seinem Hobby zu frönen.

STADTSPAZIERGANG

Die ältesten baulichen Zeugnisse finden sich nicht im Bereich der Altstadt, sondern auf dem sie flankierenden **Johannisberg**. Im Turm einer Kirchenruine aus dem 13. Jahrhundert ist die **Volkssternwarte Wetterau** untergebracht. Daneben sind die Reste eines römischen Signalturms aus dem 2. Jahrhundert zu sehen. Die **Wilhelmskirche**, deren Vorgängerbau die mittelalterliche Dorfkirche von Nauheim war, ist die älteste Kirche des Ortes.

Die **Innenstadt von Bad Nauheim** ist eingerahmt von Jugendstil- und Gründerzeitbauten. Zu einem abwechslungsreichen Stadtbummel lädt das Viertel zwischen Park- und Hauptstraße bzw. Friedrich- und Kurstraße. Fachwerkhäuser aus der Wiederaufbauphase nach dem Dreißigjährigen Krieg im 17. und 18. Jahrhundert sind vor allem in der Apfel-, Born-, Burg- und Wilhelmstraße zu finden. Und am Goldstein steht das 1905 errichtete Fernheizwerk, ein Beispiel für den Jugendstil in technischen Bauten.

WOCHENMARKT Zweimal in der Woche wird die Fußgängerzone zum Marktplatz. Jeden Dienstagnachmittag (12 bis 18 Uhr) und Freitagvormittag (8 bis 13 Uhr) kommen Landwirte und Direktvermarkter aus der gesamten Wetterau mit ihren Ständen zum Bad Nauheimer Wochenmarkt.

FAIR GEHANDELT Bad Nauheim ist Fairtrade-Stadt. Über 50 Unternehmen, Geschäfte und Gastronomiebetriebe haben sich unter dem Motto »Fair einkaufen und genießen« dazu verpflichtet, fair gehandelte und zertifizierte Produkte zu verkaufen bzw. zu verarbeiten.

DIE »DUNKLEN RIESEN«

Markante Erscheinungen im Stadtbild von Bad Nauheim sind die **Gradierbauten** – die »dunklen Riesen«, wie sie auch genannt werden. Die großen hölzernen Bauten dienten einst zur Salzgewinnung und stammen aus dem 18. Jahrhundert. In der Zeit war die Nauheimer Saline eine der modernsten Salzfabriken Europas. Das salzhaltige Wasser aus der Quelle wurde nach ganz oben auf die Gradierbauten gepumpt. Dort floss es langsam die bis zu zehn Meter hohen Wände aus Schwarzdornbündeln herab. Durch

Wind und Sonne verdunstete ein Teil des Wassers, und der Salzgehalt stieg. Noch heute weht eine leicht salzhaltige, kühle »Meeresluft« um die großen Anlagen. Die Salzkristalle in der Luft haben einen positiven Effekt auf unsere Gesundheit, und so erhielten die fünf verbliebenen Gradierbauten in Bad Nauheim ihre jetzige Bestimmung als Freiluftinhalatorien.

USA-WELLENBAD Die große Badeanlage mit Frei- und Hallenbad bietet rund ums Jahr Freizeitvergnügen für Jung und Alt. Besondere Highlights sind das Wellenbad und die Riesen-Wasserrutsche.

Tipp

Vor rund 160 Jahren kamen die ersten Reste der keltischen Salzgewinnungsanlagen in Bad Nauheim ans Tageslicht. Die letzten Ausgrabungen legten die bislang größte frühindustrielle keltische Anlage Europas frei. Und auch heute noch wird dort Salz gesotten: Besucher können dies im archäologischen Keltenpavillon am Gradierbau I in der Zanderstraße unter Anleitung auf keltische Weise ausprobieren. Ein Salzsiedeofen, Text- und Bildtafeln, Filme und Repliken keltischer Schmuckstücke und Gebrauchsgegenstände führen anschaulich die Arbeits- und Lebenswelt der Kelten vor.

◀ Brunnen im Kurpark ▶ Segelboote im Kurteich von Bad Nauheim

▲ Farbenfrohe Blütenpracht mit Kunstinstallation ◀ Der Eingang zum Badehaus Nummer 5 im Sprudelhof ▶ Erholungsuchende am Kurteich

AUF SPURENSUCHE

Der King of Rock 'n' Roll, **Elvis Presley**, lebte von 1958 bis 1960 in der Kurstadt. Seine Spuren findet man in Bad Nauheim an fast jeder Straßenecke. Mit der Single »A Big Hunk o' Love« gewann Elvis 1959 eine goldene Schallplatte. Das Foto auf dem Cover wurde an der Burgpforte in Bad Nauheim aufgenommen und ist ein beliebtes Fotomotiv vieler Fans.

Direkt neben dem Hotel Villa Grunewald befindet sich die **Elvis Stele** auf dem Elvis-Presley-Platz. Das **»Elvis-Zimmer« Nr. 10** im Hotel Villa Grunewald ist bis heute original erhalten geblieben und für das besondere Übernachtungserlebnis buchbar. Das auf der Usa-Brücke geschossene Foto des Popstars in Uniform, wie er lässig am Geländer lehnt, kennt jeder Elvis-Fan. Die **Elvis Statue** aus Bronze steht seit August 2021 auf der sanierten Brücke. Und neben der Usa-Brücke findet man noch eine kunstvoll geschmiedete **Elvis Bank**.

▲ ◀ Der Sprudelhof, das größte geschlossene Jugendstil-Ensemble Europas, ist Bad Nauheims Wahrzeichen. ▶ Auftanken nicht vergessen!

100 KILOMETER RAD- & WANDERWEGE Mit einem gut ausgebauten Wegenetz ist Bad Nauheim der perfekte Ort zum Radfahren, Wandern und Spazierengehen. Die Auswahl hält für jeden das Richtige bereit – ob Strecken zwischen zwei und 20 Kilometern, Feld- oder Waldwege, einfache oder schwere Touren.

AUF EINEN BLICK

Info

STADT/REGION: Bad Nauheim
BESTE REISEZEIT: April bis November
OPTIMALE REISEDAUER: 2 Tage
TOURISTINFO: Bad Nauheim Stadtmarketing und Tourismus, In den Kolonnaden 1, 61231 Bad Nauheim, Tel. 06032/92 99 20, bad-nauheim.de

NICHT VERSÄUMEN

SPRUDELHOF: Nördlicher Park 3, Tel. 06032/349 55 88, sprudelhof.de
QUELLENAUSSCHANK IN DER TRINKKURANLAGE: Ernst-Ludwig-Ring 1, Tel. 06032/93 27 89, bad-nauheim.de
VOLKSSTERNWARTE: Gustav-Kayser-Straße 2, Tel. 176/62 70 89 84, bad-nauheim.de
WILHELMSKIRCHE: Wilhelmstraße 12, Tel. 6032/29 38, evangelisch-in-bad-nauheim.de
GRADIERBAUTEN: Gradierbau I mit Inhalatorium und Gradierbau II im Gesundheitsgarten sind von April bis Oktober tägl. von 10–18 Uhr geöffnet, Gradierbau III, IV und V (»Lange Wand«) sind jederzeit zugänglich.
USA-WELLENBAD: In der Au 2, Tel. 06032/919 30, usa-wellenbad.de
SALZGEWINNUNGSANLAGEN BAD NAUHEIM: Zanderstraße 3, bad-nauheim.de

WOHNMOBILSTELLPLATZ AM USA-WELLENBAD

ADRESSE: In der Au 2, 61231 Bad Nauheim, Tel. 06032/919 30, usa-wellenbad.de
GPS: 50.35425, 8.74657
Die 20 befestigten Wohnmobilstellplätze befinden sich auf dem Parkplatz des Usa-Wellenbades. Die Plätze sind beleuchtet, Bäume sorgen im Sommer für Schatten. Zahlreiche Sehenswürdigkeiten sind fußläufig erreichbar, auch Lebensmittelmärkte befinden sich in unmittelbarer Nähe. Das Restaurant im Usa-Wellenbad ist durchgehend geöffnet.

BAD HOMBURG VOR DER HÖHE

Von der Burg zum Bad

Aristokratisches Flair im Kaiser-Wilhelms-Bad im Kurpark von Bad Homburg

Bad Homburg vor der Höhe, so der vollständige amtliche Name, pflegt als ehemalige Residenzstadt der Landgrafen von Hessen-Homburg und als Sommersitz der deutschen Kaiserfamilien seine Traditionen. Über allem liegt der Charme einer renommierten, einst viel besuchten Kurstadt mit aristokratisch-urbanem Flair.

Mit der Entdeckung einer Heilquelle im Jahr 1809 setzte man in Homburg auf das Kurwesen. 1834 wurde die Elisabethenquelle wiederentdeckt, 1841 erlaubten die Homburger Herrscher den französischen Brüdern Blanc, eine Spielbank zu eröffnen und das Kurwesen auszubauen. Und so entwickelte sich Homburg zu einem der führenden Badeorte.

DAS LANDGRAFENSCHLOSS

Landgraf Friedrich II. ließ die mittelalterliche Hohenburg schleifen, um an ihrer Stelle sein neues Schloss zu errichten. Nur den Bergfried aus dem 14. Jahrhundert ließ er stehen. Nach den Entwürfen von Paul Andrich entstand ab 1680 mit der **Friedrichsburg** die erste frühbarocke Residenzanlage nach dem Dreißigjährigen Krieg. Mit ihren um die zwei Höfe gruppierten Flügeln ist die Burg bis heute original erhalten. In den oberen Schlosshof ist der alte Bergfried mit dem Weißen Turm integriert.

Die Landgrafen von Hessen-Homburg residierten bis zu ihrem Aussterben im Jahr 1866 auf ihrer Burg. Dann ging diese in preußischen Besitz über. Die deutschen Kaiser richteten sich im Schloss eine Sommerresidenz ein. Diese nützte besonders der letzte deutsche Kaiser Wilhelm II., der mit seiner Familie öfter in die aufstrebende Kurstadt kam.

Die **Museumsräume** zeigen heute im Königsflügel mit den kaiserlichen Zimmern, wie Kaiser wohnten. Daneben beherbergt das Schloss zahlreiche Kunstschätze aus dem 17. bis 19. Jahrhundert. Im Englischen Flügel werden die Räume von Landgräfin Elizabeth gezeigt. Die englische Königstochter, die 1818 nach Hessen-Homburg heiratete, hat hier nach dem Tod ihres Gatten Friedrich VI. Joseph gelebt.

ZWISCHEN BAROCK UND NATÜRLICHKEIT

Der zweigliedrige **Schlossgarten** ist in über 300 Jahren gewachsen. Ein Teil des Schlossparks ist wie zu Zeiten Friedrichs II. ein formaler

Barockgarten mit Orangerie. Unterhalb des Schlossbergs beginnt der Englische Landschaftspark mit romantischen Ecken und einem Teich. Die neue Parkarchitektur etablierte sich in England zu Beginn des 18. Jahrhunderts als Spiegelbild eines neuen freiheitlichen Weltbildes. Anstelle von geometrisch-formalen Gartenanlagen mit gestutzten Bäumen, gezirkelten Broderien und begradigten Kanälen traten der Natur nachempfundene Landschaftsbilder.

IM STADTZENTRUM

In nächster Nähe zu Schloss und Schlosspark liegt der **Marktplatz** von Bad Homburg. Wer auf den Platz mit seinen schmucken Marktlauben in historisierendem Fachwerkstil kommt, fühlt sich unmittelbar ins Mittelalter zurückversetzt. Tatsächlich aber wurde der Marktplatz erst 1907 von Bad Homburgs Baumeister Louis Jacobi entworfen und gestaltet.
Im mittleren Bereich der dreigeteilten Hausgruppe verkauften die Marktleute in den einst offenen Arkaden ihre Waren. Das Eckhaus auf der Ostseite des Platzes stammt ursprünglich aus dem Barock, wurde aber von Louis Jacobi umgestaltet und den Marktlauben angepasst. 1979 wurde mitten auf dem Marktplatz ein **Brunnen** aufgestellt, der dem Laternenfest gewidmet ist. Auf einer am Brunnentrog angebrachten Bronzetafel steht der Text des Laternenfestliedes von Paul Grützner.

◀ Evangelische Erlöserkirche Bad Homburg ▶ Eingang zum Landgrafenschloss

Das Landgrafenschloss Bad Homburg: Sommerresidenz der deutschen Kaiser

ORANGERIE IM KURPARK Hier gibt es ein tolles, in den Kurpark eingebettetes Ambiente mit leckerem Speisenangebot. Augusta-Allee 10, Tel. 06172/17 11 90

BAD HOMBURGER BRAUHAUS Gepflegtes Brauhausessen und hervorragendes Bier. Zeppelinstraße 10, Tel. 06172/28 86 62, hofgut-kronenhof.de

LANGJÄHRIGE KURGESCHICHTE

Das **Kurhaus** ist heute zentraler Kultur- und Versammlungsort der Stadt Bad Homburg. Dem heutigen Bau geht allerdings eine rund 180-jährige Kurgeschichte voraus. Bereits im Jahr 1841 wurde das erste Kurhaus erbaut, und drei weitere folgten – errichtet immer an derselben Stelle mitten in der Stadt.

Den Grundstein zum ersten Kurhaus von Bad Homburg legten 1841 die Spielbank-Gründer und Zwillingsbrüder François und Louis Blanc. Ein Brand im Jahr 1860 zerstörte jedoch den Ostflügel des Kurhauses. Da sich die Stadt zu diesem Zeitpunkt bereits zu einem der führenden Kurorte Europas gemausert hatte, entschlossen sich die Gebrüder Blanc im Zuge der Reparaturarbeiten zu einer großzügigen Erweiterung des Gebäudes. Die Pracht des Neubaus wurde in ganz Europa gerühmt. Doch auch das zweite Bad Homburger Kurhaus hatte sein Schicksal – es wurde im März 1945 bei einem Bombenangriff stark beschädigt. 1952 folgte ein schlichter, funktionaler Nachkriegsbau.

Der Elisabethen-Brunnen im denkmalgeschützten Kurhausgarten

Das vierte und jetzige Kurhaus schließlich, ein den Ansprüchen der Zeit angepasstes, postmodernes Kur- und Kongresszentrum, öffnete mit seiner roten Sandsteinfassade 1984 seine Tore. Es beherbergt eine **Ladengalerie**, mehrere Kongress- und Tagungssäle, das 750 Personen fassende **Kurtheater** und das **Kurhaus-Hotel Maritim** sowie eine Tiefgarage mit 350 Stellplätzen. Der **Vorplatz** ist der zentrale Platz der Bad Homburger Innenstadt. Dort finden ganzjährig Veranstaltungen, Aktivitäten und Feste statt. Zweimal wöchentlich findet hier der Blumen- und Wochenmarkt statt.

KURHAUS LADENGALERIE Die Einkaufspassage umfasst rund 20 Geschäfte, Gastronomiebetriebe und Dienstleister. kurhaus-ladengalerie.de

LOUISENARKADEN 40 Fachgeschäfte verlocken zum Bummeln und Shoppen – von Mode über Lebensmittel bis hin zu den Dingen, die das Leben noch schöner machen. louisenarkaden.de

UNTER DENKMALSCHUTZ

Der denkmalgeschützte **Kurhausgarten** ist insgesamt 1,5 Hektar groß und wurde bereits 1842 im Zuge des ersten Kurhaus-Baus vom Düsseldorfer Gartendirektor Maximilian Friedrich Weyhe entworfen. Er schließt unmittelbar an das Kurhaus an und ist Teil der Kurpark-Anlage. Die Mitte des Gartens bildet eine ovale Rasenfläche, die von einem mit Platanen und einzelnen alten Linden gesäumten **Rundweg** umgeben ist.

Der ebenfalls unter Denkmalschutz stehende **Kurpark Bad Homburg** ist einer der größten und schönsten Deutschlands. Mit der Planung dazu beauftragten die Gebrüder Blanc den bereits zu Lebzeiten zur Legende gewordenen Königlich-Preußischen Gartenbaudirektor Peter Joseph Lenné. Als Englischer Landschaftspark prägen weite Wiesenflächen und Solitärbäume, dichte Gehölzgruppen, Alleen, geschwungene Wege und ein Weiher den 40 Hektar großen Kurpark. An die 140 Strauch- und über 80 Baumarten aus aller Welt, zum großen Teil noch aus der Entstehungszeit, machen einen Spaziergang zu einem abwechslungsreichen Ausflug in die Botanik. Im Park errichtete **historische Bauten und Denkmäler** zeugen von der Geschichte des einstigen Weltbades: etwa das Kaiser-Wilhelms-Bad, das »Brunnensälchen« mit der Spielbank Bad Homburg, die Orangerie, die Russische Kirche und die beiden Thai-Salas.

GESCHENKE AUS THAILAND

Außer in Thailand selbst gibt es nur in Bad Homburg **zwei Thai-Salas** in einer Stadt. Die beiden reich verzierten, golden leuchtenden Pavillons im Kurpark sind ein Zeichen der mehr als 100-jährigen engen Beziehungen zwischen Thailand und Bad Homburg. Der kranke König Chulalongkorn fand 1907 in der Kurstadt Genesung. Aus Dankbarkeit schenkte er der Stadt einen Tempel, der in Bangkok gefertigt und auf Seereise geschickt wurde. Das Bauwerk wurde 1914 in Anwesenheit des Prinzen Mahidol von Siam eingeweiht.

◀ Beim alljährlichen Oldtimertreff in Bad Homburg ▶ Thai-Sala im Kurpark

Zur 100. Wiederkehr seines Kuraufenthaltes setzte das thailändische Königshaus 2007 ein weiteres sichtbares Zeichen der Verbundenheit: König Bhumibol und Königin Sirikit schenkten Bad Homburg die zweite Thai-Sala, die an der **Chulalongkorn-Quelle** errichtet wurde.
Viele in Deutschland lebende Thailänder begehen jedes Jahr den Todestag des noch heute verehrten Monarchen feierlich an den Salas. Das alljährliche **Thai Festival Bad Homburg** gehört zu den größten seiner Art in Deutschland.

RUSSISCHES GOTTESHAUS

Nachdem die preußische Kaiserfamilie Bad Homburg zu ihrer Sommerresidenz gemacht hatte, gaben sich schon bald auch die Spitzen des europäischen Hochadels hier ein Stelldichein. Auch Zar Nikolaus II. und der russische Hochadel kamen nach Bad Homburg, um sich von ihren Leiden zu kurieren und an den gesellschaftlichen Vergnügungen teilzuhaben. Der Strom an russischen Kurgästen wuchs im ausgehenden 19. Jahrhundert ständig.

◀ Die russische Allerheiligen-Kirche ▶ Zar Nikolaus II. legte 1896 den Grundstein.

Frühlingsspaziergang rund um den Schwanenteich im Kurpark Bad Homburg

Etwas fehlte den russischen Kurgästen aber in Bad Homburg: eine eigene orthodoxe Kirche. Die Stadt stellte ein Grundstück am Rande des Kurparks zur Verfügung. Geheimrat Alexander Proworoff kümmerte sich in St. Petersburg um die Finanzierung und beauftragte den in Diensten des Zaren stehenden Architekten Louis Benois mit der Planung der **Allerheiligen-Kirche**. Zar Nikolaus II. nahm 1896 persönlich die Grundsteinlegung vor. Drei Jahre später wurde sie geweiht.

ALTES RÖMERKASTELL

Knappe zwei Kilometer von Bad Homburg entfernt, auf einem Bergzug des Taunus, steht das weltweit einzige rekonstruierte Römerkastell: die **Saalburg** – zusammen mit dem römischen Grenzwall Limes seit 2005 UNESCO-Welterbe. Das Kastell wurde um 1900 auf Wunsch von Kaiser Wilhelm II. wieder aufgebaut und ist das besterforschte und am vollständigsten rekonstruierte Kastell des Obergermanisch-Rätischen Limes. Neben einem **archäologischen Museum** gehören ein **archäologischer Park** und ein **Forschungszentrum** zur Saalburg. Über 2,4 Kilometer führt der **»Rundweg Saalburg«** vorbei an archäologischen Denkmälern und Rekonstruktionen. Auf dem rund 30 Kilometer langen **»Limeserlebnispfad«** sind alle Elemente der römischen Grenzanlage zu finden: Wall und Graben sowie die Ruinen von Wachtürmen und Kastellen unterschiedlicher Größe.

◀ Die Porta Pretoria im Römerkastell Saalburg ▲ Das weltweit einzige rekonstruierte Römerkastell ▼ Beste Aussicht vom Römerturm am Limes

MUSEUMSCAFÉ TABERNA Das Museumscafé bietet römische Speisen und Getränke an. Saalburg 1, Tel. 06175/937 40, saalburgmuseum.de

LANDGASTHOF SAALBURG Die in der Nähe gelegene Gaststätte ist ideal für eine deftige Brotzeit im Biergarten. An der Jupitersäule 10, Tel. 6175/796 20, landgasthof-saalburg.de

Tipp

Bad Homburgs Hausberg, den Herzberg, kann man zu Fuß oder mit dem Fahrrad erklimmen. Der kürzeste Fußweg beginnt auf dem Parkplatz an der Saalburg. Der Herzberg ist knapp 600 Meter hoch. Hinzu kommen noch einmal rund 25 Meter mit dem Herzbergturm, seit über 100 Jahren ein beliebtes Ausflugsziel. Von seiner Plattform hat man einen herrlichen Blick über Bad Homburg und weiter bis nach Frankfurt und die Main-Ebene, in den Vogelsberg, Spessart und Odenwald. Und im Herzberg-Gasthof kann man sich nach der Anstrengung wunderbar stärken. Herzbergturm 1, Tel. 06172/764 61 61, gasthofherzberg.de

AUF EINEN BLICK

Info

STADT/REGION: Bad Homburg vor der Höhe
BESTE REISEZEIT: März bis November
OPTIMALE REISEDAUER: 2–3 Tage
TOURISTINFO: Tourist Info + Service Bad Homburg v. d. Höhe, Im Kurhaus, Louisenstraße 58, 61348 Bad Homburg v. d. Höhe, Tel. 06172/178 37 10, bad-homburg-tourismus.de

NICHT VERSÄUMEN

KAISER-FRIEDRICH-PROMENADE
DOROTHEENSTRASSE
KAISER-WILHELMS-BAD IM KURPARK: Kaiser-Wilhelms-Bad im Kurpark, Tel. 06172/178 37 30, kurhaus-bad-homburg.de
LANDGRAFENSCHLOSS MIT SCHLOSSPARK UND WEISSEM TURM: Tel. 06172/926 21 48, schloesser-hessen.de
RÖMERKASTELL SAALBURG & ARCHÄOLOGISCHER PARK: Saalburg 1, Tel. 06175/937 40, saalburgmuseum.de

WOHNMOBILSTELLPLATZ BAD HOMBURG AM LINDENHOF

ADRESSE: Jakob-Lengfelder-Straße 152, 61348 Bad Homburg, Tel. 06172/432 83, lindenhof.riess@web.de
GPS: 50.21780, 8.63229
Mitten im Feld, an einem Bauernhof angeschlossen, liegt der Stellplatz am Ortsrand von Bad Homburg. Im Hofladen werden neben Fleisch- und Wurstwaren auch Obst und Gemüse verkauft. Das hofeigene Café verwöhnt mit selbst gebackenem Kuchen.

CITY CAMP FRANKFURT

ADRESSE: An der Sandelmühle 35, 60439 Frankfurt am Main, Tel. 06957/03 32, city-camp-frankfurt.de
GPS: 50.16331, 8.65105
Der gut ausgebaute City Camp Frankfurt ist nur 7,7 Kilometer von Bad Homburg entfernt und bequem zu erreichen.

GROSSER FELDBERG & BAD CAMBERG

Ganzjährig attraktiv

Winterspaziergang am tief verschneiten Großen Feldberg im Naturpark Taunus

3

Der Große Feldberg ist der höchste Berg im Naturpark Taunus und im gesamten Rheinischen Schiefergebirge. Mit 879 Meter Höhe zählen er und der nahe Kleine Feldberg (825 Meter) zu den markantesten Mittelgebirgsmassiven in Deutschland. Ganz in der Nähe liegt auch der Kneippkurort Bad Camberg – im Übrigen der älteste in Hessen.

»Durch zufällige Anregung sowie in zufälliger Gesellschaft stellte ich manche Wanderung nach dem Gebirge an, das von Kindheit an so fern und ernsthaft vor mir gestanden hatte. So besuchten wir Homburg, Kroneburg, bestiegen den Feldberg, von dem uns die weite Aussicht immer mehr in die Ferne lockte.« Kein Geringerer als Dichterfürst Johann Wolfgang von Goethe hielt in seinem Werk »Dichtung und Wahrheit« seinen Aufenthalt am Feldberg literarisch fest.

Im 19. Jahrhundert entwickelte sich der Große Feldberg vor allem für die Frankfurter Bevölkerung zu einem beliebten Ausflugsziel. 1860 wurde mit dem Feldberghaus das erste feste Bauwerk auf dem Feldberg eingeweiht, das zehn Betten für Wanderer bot. Acht Jahre später wurde dort der erste deutsche Wanderverein gegründet, der heutige Taunusklub. Mittlerweile ist der Große Feldberg neben Wanderern auch ein beliebtes Ziel für Motorradfahrer, Fahrradfahrer, Ausflügler und Wintersportler. Über sein Massiv verlaufen – insbesondere auf seiner Nordflanke – Abschnitte des Obergermanisch-Raetischen Limes. Der Limes-Wanderweg führt mit dem Rundwanderweg Feldbergkastell zum Kastell Feldberg.

PANORAMABLICK GARANTIERT

Der Gipfelbereich am Großen Feldberg ist nicht bewaldet und bietet einen großartigen Ausblick in das Rhein-Main-Gebiet und auf die Frankfurter Skyline. Weithin sichtbares Wahrzeichen des Großen Feldbergs ist der 1902 errichtete, 40 Meter hohe **Aussichtsturm**. 1943 brannte die Holzverkleidung des Turms durch einen Flugzeugabsturz vollständig ab. 1949 baute der Hessische Rundfunk den Turm aber wieder auf und versah ihn mit einer Sendeanlage. Im Turm befindet sich auch das Jugend- und Wanderheim des Taunusklub-Stammklubs. Mit seinen Aufenthaltsräumen und Übernachtungsmöglichkeiten für 20 Personen steht es für Wanderer und Gruppen nach Anmeldung zur Verfügung.

3

Seit November 2011 steht auf dem Berggipfel auch ein **Gipfelkreuz** mit Informationstafel und Gipfelbuch. Das rund 2,5 Meter hohe Kreuz besteht aus in Kreuzform gebogenen Edelstahlbändern und trägt in seiner offenen Mitte einen Quarzitbrocken.

TURMBESTEIGUNG Der Aussichtsturm am Großen Feldberg kann gegen Eintritt betreten werden. Nach 100 Stufen kommt man auf die rundherum verglaste Aussichtsplattform mit einmaligem Panoramablick.

SAGENHAFTES FOTOMOTIV

Der am nördlichen Rand des Plateaus liegende Quarzit-Felsen wird im Volksmund **Brunhildisfelsen** genannt. Der Legende nach soll der Name auf die Siegfried-Sage zurückgehen, da hier Brünhild einmal in Schlaf versetzt worden sein soll. Postkarten mit dieser Bezeichnung sind aus dem 18. und 19. Jahrhundert erhalten. Erstmals urkundlich erwähnt wurde der Felsen in einer Grenzbeschreibung der Bardo-Urkunde im Jahr 1043 als »lectulus Brunhildi«, als »Bettlein der Brunhilde«. Vom Felsen aus hat man eine atemberaubende Aussicht. Der Brunhildisfelsen ist außerdem ein beliebtes Fotomotiv.

◀ Gipfelkreuz am Großen Feldberg ▶ Sonnenuntergang im Naturpark Taunus

Die Wander- und Radwege am Großen Feldberg sind gut ausgeschildert.

SPORTANGEBOT FÜR JUNG UND ALT

Das angenehme Klima am Großen Feldberg sorgt das ganze Jahr hindurch für regen Betrieb auf den zahlreichen, gut ausgeschilderten **Wander- und Radwegen**. Seit Sommer 2015 befindet sich ein **Bikepark** auf dem Berg. Die Attraktion umfasst zwei knapp 1,5 Kilometer lange Downhillstrecken, die am Plateau des Feldbergs starten. Ein weiteres Angebot für Mountainbiker befindet sich unweit des Gipfels: der Flowtrail Großer Feldberg. Er führt auf welligem Terrain über drei Abschnitte hinab zur Oberurseler Hohemark. In schneereichen Wintern sind die Hänge des Berges fest in der Hand der **Wintersportler** – vom Schlittenfahren über Skilanglauf bis hin zu Schneewanderungen ist hier alles möglich.

GREIFVÖGEL & CO.

Der 1965 gegründete **Falkenhof** auf dem Großen Feldberg ist eine der ältesten Falknereien Hessens. Ursprünglich lag der Schwerpunkt in der Zucht von Greifvögeln, um insbesondere den Uhu-Bestand in Deutschland zu sichern. Heute betreibt der Falkenhof eine Pflege- und Aufzuchtstation und versteht sich als Lehr-, Ausbildungs- und Informationsbetrieb. Der Falkenhof kann im Sommerhalbjahr gegen Eintritt besichtigt werden – für Tierliebhaber ein lohnendes Ziel. Hier können Falken, Bussarde, Adler und Eulen ganz aus der Nähe bestaunt werden. Zu den Vögeln gesellen sich auch noch verschiedene Reptilienarten. Ein besonderes Erlebnis sind die Freiflüge, die ab dem Frühjahr bei entsprechender Wetterlage stattfinden.

Das neu errichtete Feldberghaus, die höchstgelegene Gastronomie im Taunus

FELDBERGHAUS Die höchstgelegene Gastronomie im Taunus wartet mit einer zeitgemäßen, bodenständigen Küche mit regionalen Produkten, regionalen Klassikern und internationaler Küche auf. Großer Feldberg 5, 61389 Schmitten im Taunus, feldberghaus.com

DER KNEIPPKURORT BAD CAMBERG

Bad Camberg liegt im Hintertaunus, 30 Kilometer nördlich der Landeshauptstadt Wiesbaden, und ist mit 14 000 Einwohnern die zweitgrößte Stadt im Süden des mittelhessischen Landkreises Limburg-Weilburg. Der anerkannte Kneippkurort ist der älteste seiner Art in Hessen und der drittälteste in Deutschland. Bad Camberg im »Goldenen Grund« wird die Stadt – wegen der goldgelben Kornfelder, welche sie umgeben – auch gerne genannt. Die 1725 auf einem Berg östlich der Stadt erbaute **Kreuzkapelle** ist schon von Weitem sichtbar und heute das Wahrzeichen der Stadt. Der bereits im 18. Jahrhundert angelegte **Kurpark** im Herzen der Stadt mit Kräutergarten, Wassertretbecken, einer Minigolfanlage und einem Schaukräutergarten lädt zu Spaziergängen ein.

Der **Marktplatz** und seine Umgebung präsentieren sich mit schmucken, restaurierten Fachwerkhäusern in aufwendiger Ornamentik. Beeindruckend ist die Fachwerkbautengruppe des **Amthofs**, die sich über eine Frontlänge von 155 Metern erstreckt. Das repräsentative Gebäude wurde 1605 auf den Grundmauern eines Vorgängergebäudes errichtet. In den folgenden Jahren verschmolzen die ursprünglichen drei Einzelhöfe zu einem Gesamtensemble. Der Amthof war Sitz und Wohngebäude der Oberamtmänner des kurtrierischen Amts Camberg. Heute ist er Sitz der Stadtverwaltung.

3

Tipp

Regelmäßige Führungen wie die klassische Stadtführung, ein Fachwerkrundgang, der Stadtmauerrundgang, die Kneipp-Kräutergartenführung, die Erlebnis-Stadtführung oder die Kinderstadtführung geben einen detaillierten Einblick in die Historie Bad Cambergs. Nähere Informationen dazu sind in der Tourist-Info Bad Camberg erhältlich.

RESTE DER STADTBEFESTIGUNG

Von der ehemaligen Stadtbefestigung sind nur noch Reste erhalten. Mit dem 33 Meter hohen, um 1380 erbauten Obertorturm und dem von 1365 bis 1380 errichteten Untertorturm stehen aber noch zwei der ehemals 13 Türme. Den **Obertorturm**, ebenfalls ein Wahrzeichen der Stadt, das auch im Stadtwappen erscheint, findet man angrenzend an den Amthof. Er ist der historische Eingang aus östlicher Richtung und war einst mit einer spitzbogigen Durchfahrt und einem Falltor nach außen sowie einem Drehflügeltor nach innen gut gesichert. Mit seinem steilen Walmdach und dem Glockentürmchen bekam der Turm 1630 sein heutiges Aussehen. Seit 1981 ist er bis zur Türmerwohnung über 133 Stufen von der Hohenfeldkapelle aus begehbar.

Gleich neben dem Obertorturm befindet sich die **Hohenfeldkapelle**. Sie ist mit zahlreichen Einrichtungsgegenständen aus verschiedenen Jahrhunderten ausgestattet, darunter Platten mit Grabinschriften der für die Stadt bedeutenden Familien.

Die beeindruckende Fachwerkbautengruppe des Amthofs in Bad Camberg

3

Der **Untertorturm** wird im Volksmund als »Schiefer Turm von Bad Camberg« bezeichnet. Diesen Namen verdankt er einer Neigung von 1,44 Metern bei einer Höhe von 21 Metern. An seiner Basis befanden sich einmal drei Tore hintereinander. Seine alte Haube wurde in der Endphase des Zweiten Weltkriegs 1945 zerstört.

STADT- UND TURMMUSEUM Auf vier Etagen zeigt das Stadt- und Turmmuseum unterschiedliche Ausstellungen zur Stadtgeschichte. In der dritten wird das Thema Holz – besonders das zum Fachwerk verwendete – mit Modellen und einem Zimmermann auf der Walz veranschaulicht. Die vierte Etage bietet einen schönen Ausblick über die Stadt zum Taunus.

UNTERWEGS IN DER ALTSTADT

Die katholische **Kirche St. Peter und Paul** steht im Nordwesten der Altstadt. Der älteste Teil der heutigen Kirche ist der 1580 gebaute Turm. Nachdem das Kirchenschiff im 18. Jahrhundert zerfallen war, musste eine neue Kirche gebaut werden. Sie wurde im Zopfstil erbaut und ist damit eines von wenigen Beispielen dieser Bauweise in der Region. Die evangelische **Martinskirche** und das Pfarrhaus wurden 1896/97 erbaut. Der Zugang zum Kirchengelände führt durch ein markantes Tor von der Burgstraße her.

ALTSTADTKELLER Das familiengeführte Lokal bietet gutes Essen und eine freundliche Bedienung. Strackgasse 4, Tel. 06434/62 62

BÄCKEREI KONDITOREI CAFE STERN Hier gibt es leckere Kuchen und Torten, auch zum Mitnehmen. Sebastian-Kneipp-Straße 1, Tel. 06434/75 91

Tipp

In Bad Camberg findet seit 1781 jedes Jahr gleichzeitig mit dem Herbstmarkt am zweiten Wochenende im Oktober die Camberger Kerb (Kirmes) statt. Und seit dem Jahr 2004 wird diese wieder traditionell im Festzelt in den Pfortenwiesen am Alten Sportplatz abgehalten.

AUF EINEN BLICK

Info

STADT/REGION: Großer Feldberg & Bad Camberg
BESTE REISEZEIT: ganzjährig
OPTIMALE REISEDAUER: 2–3 Tage
TOURISTINFO: Plateau Großer Feldberg, Tourismus- und Kulturverein, 61389 Schmitten im Taunus, Tel. 06084/46 23, schmitten.de
Tourist-Info Bad Camberg, Chambray-les-Tours-Platz 2, 65520 Bad Camberg, Tel. 06434/20 24 11, bad-camberg.de

NICHT VERSÄUMEN

GROSSER FELDBERG & AUSSICHTSTURM: Gipfelplateau Großer Feldberg, 61389 Schmitten im Taunus; Kontakt Aussichtsturm: Taunusklub-Stammklub, Tel. 06174/955 82 82, taunusklub-stammklub.de
BRUNHILDISFELSEN: Gipfelplateau Großer Feldberg, 61389 Schmitten, frei zugänglich/immer geöffnet
FALKNEREI FALKENHOF: Großer Feldberg 7, 61389 Schmitten, Tel. 06174/75 45, falknerei-feldberg.de
AMTHOF: Am Amthof 15
STADT- UND TURMMUSEUM: Am Amthof, Tel. 06434/90 89 64, verein-historisches-camberg.de
OBER- & UNTERTORTURM: Obertorstraße und Strackgasse

WOHNMOBILSTELLPLATZ AUF DEM P1 IN BAD CAMBERG

ADRESSE: Jahnstraße, 65520 Bad Camberg, Tel. 06434/20 20, bad-camberg.de
GPS: 50.29671, 8.26659
Gebührenfreier Stellplatz für acht Mobile in Bad Camberg. Er liegt auf einem Parkplatz mit geschottertem Untergrund. Das Zentrum ist zu Fuß erreichbar.

Der Stellplatz Bad Camberg

KRONBERG

Kulturjuwel mitten im Taunus

Direkt am Wald liegt das idyllische Kronberger Schwimmbad.

4

Über die Jahrhunderte hinweg hat Kronberg im Taunus seinen historisch gewachsenen Charakter bewahrt. Die Burg, die malerischen Altstadtgassen mit ihren mittelalterlich anmutenden Fachwerkhäusern sowie die herrschaftlichen Villen aus der Zeit der vorigen Jahrhundertwende mit den parkähnlichen Gärten prägen die Atmosphäre dieser Stadt bis heute.

Seitdem Mitte des 19. Jahrhunderts die ersten Künstler und später Ausflügler den Taunus entdeckten, weiß Kronberg seine Gäste zu bewirten und zu beherbergen. Kunst und Kultur spielen seither in Kronberg eine große Rolle. Entsprechend stolz ist die Stadt auf ihr reiches kulturelles Erbe. Eine große Vielfältigkeit zeichnet das aktuelle Kulturangebot der Stadt aus, von szenischen Führungen auf dem Kronberger Laternenweg über das internationale Straßentheaterfestival »Da Capo!« bis hin zu herausragenden Veranstaltungsreihen der Kronberg Academy rund um das Cello und andere Streichinstrumente. 1966 erhielt Kronberg auch die staatliche Anerkennung als Luftkurort. Die einmalige Landschaft, Wege durch Wald und Flur und die zentral gelegenen Parks lassen die Besucher ausspannen und durchatmen.

DER URSPRUNG DER STADT

Das Wahrzeichen von Kronberg und gleichzeitig Ursprung der Stadt ist die **Burg Kronberg**. Der älteste Teil der staufischen Reichsburg, der **Fünfeckturm** der Oberburg, wurde in der zweiten Hälfte des 12. Jahrhunderts erbaut. Die erste Erwähnung des Namens Kronberg findet sich in einer Urkunde aus dem Jahr 1230, in der ein Otto von Kronberg aufscheint. Die heutige Mittelburg entstand mit dem Bau des »Großen Hauses« um etwa 1320. Um 1330 erhielten die Herren von Kronberg die Stadtrechte für das Burgtal, die unterhalb der Burg gelegene Siedlung, und durften diese ummauern. Das ursprüngliche Burgtal erweiterte sich im folgenden Jahrhundert um die neue Stadt und dann um den unterhalb der Altstadt entstehenden Teil, das Thal. **Reste der Stadtmauern** sind noch erhalten, ebenso eines der Tore, das **Eichentor** in der Eichenstraße. Um das Eichentor zu schützen, wurde ein Außentor, das sogenannte Haas'sche Tor, errichtet, das heute ein Wohnhaus ist.

4

MUSEUM BURG KRONBERG Die Burg Kronberg beherbergt die beiden historischen Museen zur Geschichte von Burg und Stadt. Veranschaulicht werden die Entwicklung des Landstädtchens bis hin zum Villenvorort Frankfurts und die Nutzung der Burg in verschiedenen Epochen. Die Replik einer Ritterrüstung und die Burgküche gehören zu den Hauptattraktionen.

Tipp

Burg Kronberg ist nicht nur Museum, sondern auch Bühne. Die »Burgzeit« lädt zu einem abwechslungsreichen Programm – vor dem Osterfest mit der traditionellen Osterausstellung, in den folgenden Monaten mit Vorträgen, Konzerten und Lesungen. Ende Oktober geht die Burgsaison mit dem Herbstfrüchtefest zu Ende.

BUMMEL DURCH DIE ALTSTADT

In der malerischen Altstadt mit ihren hübschen Fachwerkhäusern liegt die ab 1440 erbaute evangelische Johanniskirche mit dem bemalten hölzernen Tonnengewölbe und den eindrucksvollen Grabmalen der Herren von Kronberg. Bedeutendstes Kunstwerk der Kirche ist der Marienaltar aus dem 15. Jahrhundert.

◀ Fachwerkhäuser in der Kronberger Pferdestraße ▶ Kunstvolles Wirtshausschild

Die Burg Kronberg, Ursprung und heute Wahrzeichen der Stadt

Gleich neben der Johanniskirche steht die im 18. Jahrhundert unter den Kurfürsten von Mainz als katholische Kirche erbaute **Streitkirche**, die aber nie als solche geweiht wurde. Aus derselben Zeit stammt das ehemalige Amtsgebäude, die **Receptur**, deren Hof sich hinter einem Torbogen aus dem 16. Jahrhundert öffnet. Ihm gegenüber liegt das nach dem Stadtbrand von 1780 wiederaufgebaute **Gasthaus Zum Adler**, einst der Treffpunkt der Maler der Künstlerkolonie. Weitere Bauwerke der Herren von Kronberg, die bis 1704 über die Stadt herrschten, sind die ehemaligen herrschaftlichen Wohngebäude Hellhof in der Doppesstraße 5, das Haus Drei Ritter 6 und das Hospital zur Versorgung Mittelloser in der Talstraße 5.

KÜNSTLER-IDYLLE

Um die Mitte des 19. Jahrhunderts entdeckten Maler des Städelschen Kunstinstituts in Frankfurt in Kronberg ihr Taunus-Idyll: die Landschaft und die für sie pittoresken Motive des Kronberger Alltagslebens. Jakob Fürchtegott Dielmann und Anton Burger gehörten zu den ersten Malern, die zunächst im Gasthaus Zum Adler logierten, sich ab 1858 aber dauerhaft hier niederließen. Sie zogen Schüler und Malerkollegen nach. Vor allem die an den Kunstakademien nicht zugelassenen Frauen gehörten zu Burgers Schülerkreis. Mit dem Triumph des Impressionismus in Deutschland löste sich die **Kronberger Malerkolonie** allmählich auf. 1948 starben mit Fritz Wucherer und Emil Rumpf die letzten offiziellen Vertreter.

Der Opel-Zoo liegt inmitten der landschaftlich reizvollen Hänge des Vordertaunus.

Die ehemalige Villa des Kronberger Kolonisten Heinrich Winter beherbergt heute das **Museum Kronberger Malerkolonie**. Das Gebäude bietet genügend Raum für die Präsentation der umfangreichen Gemäldesammlung zur Malerkolonie Kronberg, die zu den bedeutenden deutschen Künstlerkolonien des 19. Jahrhunderts zählt. Das Museum zeigt Werke von Anton Burger, Philipp Franck, Hans Thoma und Carl Morgenstern. Ergänzt wird die Dauerausstellung durch überregional beachtete Sonderausstellungen zeitgenössischer Kunst.

UMFANGREICHES KULTURANGEBOT

Den Ruf als Welthauptstadt des Cellos verdankt die Stadt der **Kronberg Academy**. Ihre Workshops, Festivals für Streichinstrumente und Meisterkurse für Cello und Geige führen Solisten von Weltruf und hochbegabte Nachwuchsmusiker aus aller Welt zum gemeinsamen Musizieren nach Kronberg. **»Mit Musik miteinander«**, **»Chamber Music connects the World«** und das **»Kronberg Academy-Festival«** im Herbst gehören zu den Glanzlichtern im kulturellen Angebot der Stadt. Stadthalle, Burg und die Kronberger Lichtspiele sind Schauplätze für Konzerte und Kabarettveranstaltungen sowie literarisch-musikalische Aufführungen.

Die Altstadt wird beim **Internationalen Straßentheaterfestival** und bei der **Kronberger Kulturnacht** zur Bühne. Großes Kino bieten die seit 1926 bestehenden **Kronberger Lichtspiele**. Mit einem anspruchsvollen Programm, Sonderveranstaltungen, Lesungen, Filmreihen und Opern- und Ballett-Live-Übertragungen zählen sie zu den kulturellen Treffpunkten im Taunus. Und jeden Samstagabend gibt es in der Johanniskirche ein halbstündiges Konzert bei freiem Eintritt: die **Orgelmusik zum Wochenende**.

ZUM WEINBERG Das Traditionslokal in Kronberg bietet eine gutbürgerliche Küche in gemütlichen, holzvertäfelten Gasträumen und unter der weinbewachsenen Pergola im Freien. Steinstraße 13, Tel. 06173/783 18 59, zum-weinberg-kronberg.de

SCHANKWIRTSCHAFT AM OBSTHOF KRIEGER Rustikale Wirtschaft mit bodenständigen Gerichten: Handkäse, Flammkuchen, selbst gekelterte Apfelweine … Geiersbergweg 1, Tel. 06173/787 75, obsthof-krieger.de

TIERE NATURNAH

Der **Opel-Zoo** liegt inmitten der landschaftlich reizvollen Hänge des Vordertaunus zwischen Kronberg und Königstein. Auf einzigartige Weise präsentiert er rund 1600 Tiere aus über 220 überwiegend aus Afrika, Asien und Europa stammenden Arten. Dazu gehören u. a. die einzigen Elefanten in Hessen, Giraffen, Zebras, Erdmännchen, Rote Pandas, Geparde oder Kängurus. Die Tiere in sozialen Verbänden, in naturnahen Gehegen und möglichst ohne sichtbare Grenzen zwischen Mensch und Tier zu zeigen, war bereits 1956 Ziel des Zoogründers Dr. h. c. Georg von Opel. Rundwege und Lehrpfade ermöglichen auf dem 27 Hektar großen Zoogelände ungehinderte Einblicke in die abwechslungsreich gestalteten Gehege, wie sie sonst nur bei Freilandbeobachtungen möglich sind.

1600 Tiere aus 220 Arten aus Afrika, Asien und Europa leben im Opel-Zoo.

◀ Im hübschen Schulgarten in Kronberg ▲ Gemütlich: im Gasthaus Zum grünen Wald ▼ Humorvolles Schnitzwerk an den Fachwerkhäusern

BRAUNSAMMLUNG Die Einführung klarer Formen und strukturierter Benutzerführung durch die Firma Braun ist noch heute Vorbild für gutes Industriedesign. Dieter Rams, der wohl einflussreichste Industriedesigner der Moderne, war bis 1995 Leiter des Produktdesigns bei Braun. Am Firmenstandort Kronberg zeigt die BraunSammlung in einer Dauerausstellung die Entwicklung ihres wegweisenden Gerätedesigns, vom ersten Braun Radio über den weltberühmten Plattenspieler SK4 mit dem Spitznamen »Schneewittchensarg« bis hin zu den neusten Produkten.

WALDSCHWIMMBAD KRONBERG Das idyllisch gelegene Kronberger Waldschwimmbad bietet den Besuchern einen Nichtschwimmerbereich mit 50-Meter-Rutsche, Bodensprudler, Strömungskanal, Wasserkanone und Rückenduschen. Liegeterrassen, ein neu gestalteter Spielplatz sowie die Gaststätte Zum Waldschwimmbad runden das Angebot für einen erholsamen Sommertag ab.

AUF EINEN BLICK

Info

STADT/REGION: Kronberg
BESTE REISEZEIT: April bis November
OPTIMALE REISEDAUER: 2 Tage
TOURISTINFO: Bürgerbüro Kronberg, Berliner Platz 3–5, 61476 Kronberg im Taunus, Tel. 06173/70 30, kronberg.de/de/tourismus/

NICHT VERSÄUMEN

BURG KRONBERG & MUSEUM BURG KRONBERG: Schlossstraße 10–12, Tel. 06173/77 88, burgkronberg.de
BURGZEIT: Stiftung Burg Kronberg, Tel. 06173/77 88, burgkronberg.de
MUSEUM KRONBERGER MALERKOLONIE: Heinrich-Winter-Straße 4A, Tel. 06173/92 94 90, kronberger-malerkolonie.com
OPEL-ZOO: Der Zoo liegt an der B455 zwischen Kronberg und Königstein. Zahlreiche kostenfreie Parkplätze sind vorhanden. Am Opel-Zoo 3, Tel. 06173/325 90 30, opel-zoo.de
BRAUNSAMMLUNG: Förderkreis BraunSammlung e. V., WesterbachCenter, Westerbachstraße 23c, Tel. 06173/30 21 88, foerderkreis-braunsammlung.de
WALDSCHWIMMBAD KRONBERG: Am Waldschwimmbad 1, Tel. 06173/99 68 60, kronberg-waldschwimmbad.de

WOHNMOBILSTELLPLATZ BAD VILBEL

ADRESSE: Festplatzstraße, 61118 Bad Vilbel, Tel. 06101/60 22 46, bad-vilbel.de
GPS: 50.19042, 8.74699
Die Stadt Bad Vilbel bietet Wohnmobilstellplätze an zwei Standorten an: am Festplatz und am Freibad. Der Stellplatz am Festplatz liegt zentral und ist schnell und unkompliziert anfahrbar.

Wohnmobilstellplatz Bad Vilbel

KÖNIGSTEIN IM TAUNUS

Heilklimatisch wertvoll

Die Burg Königstein wurde zum ersten Mal im Jahr 1215 urkundlich erwähnt.

5

Für das einst verarmte Königstein im Taunus begann im Jahr 1851 mit der Errichtung einer Kaltwasserheilanstalt der wirtschaftliche Aufschwung. Das besonders reizarme Klima wirkt sich nachweislich positiv auf den menschlichen Organismus aus, also erhielt die Stadt mitten im Naturpark Taunus bereits 1935 das Prädikat »Heilklimatischer Kurort«.

Im 19. Jahrhundert wurde Königstein zum berühmten Kurort und zugleich zum Sommersitz zahlreicher Frankfurter Bürgerfamilien. Das einzigartige Klima und die Nähe zu Frankfurt zogen schon früh Künstler und Intellektuelle an. Die Geschichte der Kur beginnt mit Dr. Georg Pingler, der 1851 eine kleine Kaltwasseranstalt, das sogenannte »Prießnitzbad«, gründete. Zu erwähnen ist die Klinik Amelung, 1891 von Hugo Amelung begründet und von seinem Sohn Walther 1925 übernommen. Dieser widmete sich insbesondere der Bioklimatologie und richtete in Königstein eine bioklimatische Forschungsstelle ein. Heute stehen in Königstein sechs Kliniken, die u. a. Herz und Gefäße, Migräne, Diabetes, psychosomatische und neurologische Indikationen behandeln, als Spezialisten auf ihren Fachgebieten für hohe medizinische Kompetenz.

MITTELALTERLICHE FESTUNGSANLAGEN

Um die Gründung der **Burg Königstein** rankt sich die »Chlodwigsage«: Dem Merowingerkönig Chlodwig (466–511 n. Chr.) erschien auf einem Felsen angeblich eine Jungfrau und sagte ihm den Sieg über die Alemannen im Zeichen des Kreuzes voraus. Chlodwig besiegte die Alemannen und ließ zum Dank auf dem Felsen eine Burg und im Tal eine Kirche bauen. Urkundlich erwähnt wurde Königstein zum ersten Mal im Jahr 1215. Die Errichtung der Burg geht daher mit hoher Wahrscheinlich auf das 12. Jahrhundert zurück. Die Festungsanlage diente ursprünglich wohl zur Sicherung der damals wichtigen Handelsstraße zwischen Frankfurt und Köln. Die häufig wechselnden Besitzer über Königstein ließen immer wieder neue Baumaßnahmen durchführen. Die Herren von Falkenstein (1255–1418) errichteten die unteren Geschosse des Burgturms und den Palas, die Herren von Eppstein (1418–1535) bauten die Burganlage zu einer prächtigen Residenz aus. 1796 sprengte ein französisches Besatzungskommando die Festung. Seit 1922 sind Burgruine und Burghain im Besitz der Stadt Königstein.

5

Gut 150 Jahre später, 1364, wurde **Burg Falkenstein** erstmals urkundlich erwähnt. Philipp I. von Falkenstein ließ einige Meter östlich von der alten Nüringer Turmburg eine neue Burg erbauen. Der weithin sichtbare Burgturm stammt aus dem 15. Jahrhundert. Häufige Besitzerwechsel, darunter das Raubrittergeschlecht der Kronberg, führten zu einem zunehmenden Verfall der Burg. 1784 musste das alte Wohngebäude der Burg abgerissen werden. Später diente sie zunehmend Obdachlosen als Unterkunft und nach 1800 der Falkensteiner Bevölkerung als Steinbruch.
Im Jahr 1954 erwarb die Gemeinde Falkenstein die Burgruine. Seit der Eingemeindung Falkensteins gehört sie zur Stadt Königstein. Spektakulär ist neben der Besichtigung der Ruine die Aussicht über die sanften Hügel des Taunus bis weit in die Rhein-Main-Ebene.

HISTORISCHE ALTSTADT

Neben den Wahrzeichen der Stadt, den beiden Burgruinen, ist vor allem die historische Altstadt mit der evangelischen Kirche und dem Alten Rathaus sehenswert. Die **Evangelische Immanuelkirche** wurde 1888 als neugotische Kirche errichtet. Besonders hervorzuheben sind das intakte neugotische Interieur und die Kirchenfenster.

Um die Burg Königstein rankt sich eine Sage um den Merowingerkönig Chlodwig.

◀ Die Immanuelkirche wurde 1888 als neugotische Kirche errichtet. ▲ Die Ratsstuben am Königsteiner Marktplatz ▼ Idyllisch gelegenes Königstein

Bereits 1231 wurde eine Pforte zur sogenannten **Vorburg**, dem durch eine Mauer umfriedeten Bereich unterhalb der Königsteiner Burg, erwähnt. Der massive Unterbau war ein Teil der ursprünglichen Befestigung der Burganlage und bildete das äußere Tor. Fast zweihundert Jahre, bis 1909, diente das Obergeschoss als Rathaus. Seit 1968 ist in diesen Räumen das **Burg- und Stadtmuseum Königstein** untergebracht. Ein besonderes Augenmerk gilt der Burg und ihrer Entwicklung zum Schloss und zur Festung. Funde, Modelle, Zeichnungen und Bilder, Werkzeuge, Münzen und Gebrauchsgegenstände aus vielen Jahrhunderten legen beredt Zeugnis von der wechselvollen Geschichte ab.

CAFÉ-KONDITOREI KREINER Im Café Kreiner ist die regionale Spezialität Taunus-Apfeltorte ein Muss. Hauptstraße 10, Tel. 06174/10 24, cafe-kreiner.de

STADTSCHÄNKE In der Fußgängerzone von Königstein gibt es eine gutbürgerliche, regionale Küche mit angemessenem Preis-Leistungs-Verhältnis und freundlichem Service. Hauptstraße 29, Tel. 06174/25 99 80

Die Villa Rothschild, einst Sommerresidenz der Familie Rothschild

DIE KÖNIGSTEINER VILLEN

Nach der Gründung der ersten Kaltwasseranstalt 1851 kamen auch die ersten Kurgäste nach Königstein. Zur gleichen Zeit zog es außerdem erste wohlhabende Familien aus Frankfurt in den Ort. Sie ließen prunkvolle Sommervillen errichten, die noch heute das Ortsbild bereichern. Die Villenviertel sind in erster Linie durch Historismus und Jugendstil sowie heimatstil-beeinflusste Abweichungen geprägt.

1860 ließ der Frankfurter Kaufmann und Bankier Matthias F. Borgnis eine Gartenvilla für die heiße Jahreszeit errichten und war somit der erste Frankfurter, der Königstein zu seinem Sommersitz erwählte. Die Villa Borgis wurde im Stil eines Schweizerhauses mit vielen Holzelementen und weit vorgezogenem Dach errichtet. Heute beherbergt sie das Standesamt und ein Restaurant. Der ehemals private Park wurde zum öffentlichen Kurpark und bietet vielfältige Erlebnisbereiche, von wechselnder Blumenpracht bis zu fast 200-jährigen Mammut- und Kastanienbäumen.

Die **Villa Rothschild** wurde 1884 als Sommerresidenz von Wilhelm Carl von Rothschild errichtet. 1948 bis 1949 als Tagungshaus des Parlamentarischen Rates und der westdeutschen Ministerpräsidenten genutzt, beherbergt sie heute das Hotel Sonnenhof. Stadtbildprägend ist auch die 1891 vom Frankfurter Bankier Albert Andreae de Neufville erbaute **Villa Andreae**, in der von 1957 bis 1987 ein Schülerheim untergebracht war und bis 1994 der Firmen- und private Wohnsitz des kunstsinnigen Immobilienunternehmers Jürgen Schneider.
Die vom Architekten Bruno Paul 1910 erbaute **Villa Gans** wiederum war Altersruhesitz von Adolf Gans und ist derzeit Verwaltungssitz der Deutschen Rentenversicherung. 1939 wurde die Villa auf einer Briefmarke der Reichspost verewigt. Mit dem Chic der 1960er-Jahre punktet schließlich das 1961 vom amerikanischen Architekten Richard Neutra errichtete **Haus Rang**, dessen Wohnräume stufenlos in den Garten übergehen.

KÖNIGSTEINER WOCHENMARKT Wer gerne über Märkte flaniert, kann diesem Hobby in Königstein jeden Freitag von 8 bis 14 Uhr auf dem Wochenmarkt auf dem Kapuzinerplatz in der Stadtmitte frönen. Seit mehr als 100 Jahren wird hier ein vielfältiges Angebot präsentiert.

Romantischer Altstadtteich im historischen Zentrum von Königstein

Königstein bietet eine gute Aussicht auf die Skyline von Frankfurt.

Tipp

Das Kurbad Königstein wurde 1977 nach einem Entwurf der Architekten Rudolf und Ingeborg Geier errichtet. Zusammen mit der Gestaltung des Documenta-Künstlers Otto Herbert Hajek wurde es zu einem farbmächtigen Gesamtkunstwerk, das zu den absoluten Sehenswürdigkeiten der Stadt zählt. 29 Grad warm ist das Innenbecken mit Spiegeldecke, 32 Grad das Panorama-Außenbecken mit spektakulärem Blick auf Burg Königstein. Whirlpool, Strömungskanal, Nackenduschen, Massagedüsen, Bodenblubber und Sprudelliegen laden zum Entspannen und Verweilen ein.

GESUNDE BEWEGUNG

Zahlreiche Wanderwege, darunter **Terrainkur-Wanderwege** mit verschiedenen Schwierigkeitsgraden, ein eigener **Herzwanderweg** und der **heilklimatische Wanderweg**, bieten die perfekte Verbindung von Erholung und Naturgenuss.

Für Rundwanderungen und Touren empfehlen sich der Heilklima-Park Hochtaunus, der Heilklima-Wanderweg Königstein, ein entschleunigender Spaziergang ab Schneidhain, der Wanderweg durch die Altkönigstraße zum Forellenweiher Falkenstein oder über den Eichkopf und rund um den Steinkopf, und der Königsteiner Herzwanderweg führt über den Hardtberg nach Mammolshain und wieder zurück. Und auch für Radfahrer gibt es genügend **abwechslungsreiche Radstrecken**, die wenig Berührungspunkte mit dem Straßenverkehr haben.

AUF EINEN BLICK

Info

STADT/REGION: Königstein im Taunus
BESTE REISEZEIT: April bis November
OPTIMALE REISEDAUER: 2 Tage
TOURISTINFO: Kur- und Stadtinformation Königstein, Hauptstraße 13 a, Kurparkpassage, 61462 Königstein im Taunus, Tel. 06174/20 22 51, koenigstein.de

NICHT VERSÄUMEN

BURG KÖNIGSTEIN: Burgweg 16
BURG FALKENSTEIN: Auf dem Falkenstein 1
ALTES RATHAUS: Kugelherrnstraße 1
BURG- UND STADTMUSEUM KÖNIGSTEIN: Kugelherrnstraße 1, koenigstein.de
KURBAD KÖNIGSTEIN: Le Cannet-Rocheville-Straße 1, Tel. 06174/926 50, kurbad-koenigstein.de

WOHNMOBIL STELLPLATZ AM FREIBAD BAD VILBEL

ADRESSE: Huizener Straße 4 (hinter dem Freibad), 61118 Bad Vilbel, bad-vilbel.de/de/mobilitaet/wohnmobilstellplaetze
GPS: 50.18119, 8.73448
Auf dem Wohnmobilstellplatz am Freibad in Bad Vilbel kann parken, wer es etwas ruhiger mag und lieber ein wenig am Rande des Zentrums ist. Der Stellplatz ist knappe 30 km von Königstein entfernt.

WOHNMOBILSTELLPLATZ AN DER HOHEMARK

ADRESSE: Alfred-Lechler-Straße 10, 61440 Oberursel (Taunus), Tel. 06171/50 22 77, oberursel.de
GPS: 50.21466, 8.53612
Der Wohnmobilstellplatz liegt direkt am Taunus-Informationszentrum im Norden Oberursels. Er bietet Wohnmobilisten einen guten Ausgangspunkt, um die reizvolle Umgebung zu entdecken.

▶ Nicht alle Stellplätze sind gebührenfrei.

IDSTEIN & EPPSTEIN

Zwei sehenswerte Fachwerkstädte

Das älteste Bauwerk Idsteins, der Hexenturm, ist das Wahrzeichen der Stadt.

6

Neben dem Hexenturm im Bereich der alten Nassauer Burg besitzt Idstein einen mittelalterlichen Stadtkern mit vielen sehenswerten Fachwerkbauten. Davon hat auch die »Burgstadt« Eppstein einige zu bieten. Und auch das kulturelle Angebot beider Städte zieht zahlreiche Besucher in ihren Bann.

Idstein wurde 1102 erstmals urkundlich als »Etichenstein« erwähnt. Graf Adolf von Nassau-Idstein erhielt im Jahr 1287 von Rudolf von Habsburg die Stadtrechte. Adolf von Nassau war von 1292 bis 1298 als Nachfolger von Rudolf von Habsburg deutscher König. Die Altstadt von Idstein mit ihren malerischen Fachwerkhäusern befindet sich zwischen zwei Stadtbächen, dem Wolfsbach im Osten und dem Wörsbach im Westen, auf einem Höhenrücken von rund 280 Metern. Diesen schließt im Norden der Altstadt der Burg- und Schlossfelsen ab, hinter dem beide Bäche schließlich zusammenlaufen.

WAHRZEICHEN VON IDSTEIN

Das älteste erhaltene Bauwerk Idsteins, der Hexenturm genannte Bergfried, ist das Wahrzeichen der Stadt. Mit seinen 42 Metern Höhe und über drei Meter dicken Mauern bei nur knapp zwölf Meter Durchmesser entstand er in einzelnen Bauphasen um 1170, um 1240 und um 1500. Seine Butterfassform erhielt er um 1500. Nach mehreren kleineren Um- und Anbauten im 18. Jahrhundert erhielt er 1810 sein heutiges Aussehen.

Der volkstümliche Name »Hexenturm« folgte einer allgemeinen Mode des 19. Jahrhunderts und hat mit den Hexenverfolgungen nichts zu tun. Im 17. Jahrhundert war Idstein nämlich unter dem protestantischen Grafen Johannes von Nassau und Idstein (1603–1677) Schauplatz von Hexenprozessen. Zu den 39 Getöteten gehörten die Sonnenberger Pfarrersfrau Elisabeth Hoffmann und Cäcilie Zeitlose Wicht, Frau des Pfarrers Johannes Wicht aus Heftrich.

Hexen oder Hexer wurden im Hexenturm jedoch nicht eingekerkert. Dies geschah in einem kleineren Turm, welcher heute nicht mehr existiert. Während der Öffnungszeiten der Tourist-Info gibt es die Gelegenheit, den Hexenturm zu besteigen. Gegen ein kleines Pfand wird der Schlüssel zum Turm gerne ausgehändigt.

6

ERST BURG, DANN RENAISSANCESCHLOSS

Konrad und Udalrich von »Etichestein« werden als Zeugen in einer Urkunde von 1102 genannt und gelten als erste bekannte Herren auf einer **Idsteiner Burg**. Mit der Verleihung des Stadtrechts 1287 kamen Handwerker, Händler und Bauern. Der gräfliche Hof bot Arbeit, die dicken Stadtmauern versprachen Schutz und Bürgerrechte.

Graf Ludwig II. von Nassau-Saarbrücken ließ ab 1613 die Idsteiner Burg auf dem Felsmassiv zwischen den beiden Stadtbächen, die sich hinter Idstein vereinigen, abreißen, um einem Neubau im Renaissancestil, dem heutigen **Residenzschloss**, Platz zu machen. Seine Innenausstattung verdankt das Schloss dem letzten Idsteiner Fürsten Georg August Samuel.

Die Nassauer residierten mit einer kurzen Unterbrechung bis 1721 auf dem Schloss. Danach wurde es als nassauisches Zentralarchiv, Genesungsheim, Reservelazarett, Kaserne, Landschulheim, Lehrerbildungsanstalt und erneut als Lazarett genutzt. Seit 1946 ist hier ein Gymnasium untergebracht.

Am Idsteiner Schloss lässt sich bis zum Jahr 1566 ein **Lustgarten** zurückverfolgen. Graf Johannes förderte ab 1650 die Anlage und Erweiterung des Schlossgartens durch den Bau künstlicher Grotten, den Ankauf exotischer und kostbarer Pflanzen und durch fachmännische Pflege der Beete. Der Graf beauftragte Maler mit der Anfertigung von farbenprächtigen Ansichten des Gartens und der Blumen.

Das Idsteiner Residenzschloss wurde ab 1613 im Renaissancestil erbaut.

◀ Malerische Fachwerkhäuser in der Idsteiner Altstadt ▶ »Durchblick« auf Idstein

ALT KALESCH Urige Kneipe und gemütlicher Biergarten mit einem umfangreiches Getränkeangebot, u. a. Bier vom Fass und guten Cocktails. Veitenmühlweg 9, Tel. 06126/50587 33

DIE KARTOFFELKÜCHE Der ideale Treffpunkt zum Speisen in uriger Atmosphäre – hier gibt es alles rund um Kartoffeln mit verschiedenen Fisch- und Fleischgerichten. Borngasse 3, Tel. 06126/80 74, die-kartoffelkueche.de

FACHWERK VOM FEINSTEN

Idsteins Schatz ist seine alte Bausubstanz. Der **malerische Stadtkern** von Idstein ist durch rund 200 bemalte und mit reichem Schnitzwerk verzierte Fachwerkgebäude geprägt, die zwischen 1410 und Mitte des 18. Jahrhunderts errichtet wurden. Der Stadtkern erstreckt sich zwischen dem Burgbereich mit dem hohen Hexenturm und dem Höerhof. Das wunderbare Bauensemble vom Kanzleitor bis zum Hexenturm ist zwischen 1497 und 1588 entstanden und diente Repräsentations-, Verwaltungs- und Wohnzwecken.

Zentrum der Stadt ist der **König-Adolf-Platz**. Er ist umgeben von Fachwerkhäusern, die größtenteils um 1600 datieren. Neben dem **Rathaus** aus dem Jahr 1698 steht linkerhand das **Schiefe Haus**, das sich 1727 der Major der Stadtmiliz Nicolay erbauen ließ und rechts das mächtige **Kanzleitor**, das seit 1497 den Zugang zum Schlossbezirk bildet.

Das vielleicht schönste Beispiel für Idsteins Fachwerkkunst ist aber das in das historische Ambiente des König-Adolf-Platzes eingebettete **Killingerhaus**. Um 1615 errichtet und reich verziert, ist es eines der kunsthistorisch bedeutsamsten Fachwerkhäuser in Deutschland und dient seit 1987 als Museum und Fremdenverkehrsamt.

Vom Idsteiner Hexenturm aus hat man einen guten Rundblick.

Tipp

Im Stadtmuseum im Killingerhaus kann die Aussicht auf Idsteins schönsten Platz, den König-Adolf-Platz, genossen werden. Von der Tourist-Info im Erdgeschoss gelangt man in die Räumlichkeiten des Museums. Dort erwartet die Besucher eine Darstellung der 900-jährigen Geschichte der Stadt. Schwerpunkte sind die Themen Stadtentwicklung, Schulgeschichte, die bürgerliche und bäuerliche Lebenswelt sowie Handwerk und Gewerbe. Und wer sich für Malerei interessiert, kann dort auch die Werke des Idsteiner Künstlers Ernst Toepfer besichtigen.

Auch den Rest des alten Stadtkerns prägen Fachwerkhäuser und Hofanlagen aus dem 16. und 17. Jahrhundert. Dies ist insbesondere entlang der Obergasse der Fall, die vom König-Adolf-Platz aus der Stadt herausführt und auf Höhe des Höerhofs auf die alte Stadtmauer stößt. Der **Höerhof** – im Volksmund auch Toepferhaus genannt – wurde 1620 bis 1626 durch den Schlossbaumeister Henrich Heer errichtet. Er diente u. a. als Jagdschloss und Forstamt. Von 1911 bis 1955 wohnte hier der Maler Ernst Toepfer. Der Hof beherbergt heute einen stilvollen Hotel- und Restaurantbetrieb.
Etwas unterhalb des Höerhofs gelangt man zum **Stockheimer Hof**, der Ende des 16. Jahrhunderts als Sitz der Herren von Stockheim erbaut wurde. In der Obergasse 2 findet man außerdem das **älteste Wohnhaus Idsteins** aus dem Jahr 1410.

IDSTEINER WOCHENMARKT Der Wochenmarkt findet immer mittwochs von 12–18 und samstags von 8–14 Uhr auf dem Löhrerplatz statt. Es gibt frische, hochwertige Lebensmittel und Spezialitäten aus der Region.

OHLERS KAFFEEWELT Der gemütliche Laden in zentraler Lage unweit des Löhrerplatzes bietet alles rund um das Thema Kaffee – von Kaffeebohnen bis zum Siebträger. Schulze-Delitzsch-Straße 34, Tel. 06126/700 42 22, ohlers-kaffeewelt.de

Tipp

Als jährliches Veranstaltungshighlight ziehen das Hessen-Jazz Festival und das Idstein JazzFestival seit 20 Jahren Tausende von Besuchern in die Altstadtgassen. An drei Tagen, jeweils am ersten Wochenende der hessischen Sommerferien, spielen bis zu 75 verschiedene Jazzgruppen auf einem Dutzend Bühnen live. idstein-jazzfestival.de

DIE BURG- UND KULTURSTADT EPPSTEIN

Schon 1122 wurde die über Eppstein thronende Burg erstmals urkundlich erwähnt. Bis heute ist der Ort eng mit der Historie des Kastells, heute eine romantische Burgruine, verbunden, in dem einst die Herren von Eppstein lebten. Die frühere Verteidigungslinie wurde zu einem **Stadt- und Burgmuseum** umfunktioniert, das Treffpunkt und Kulturzentrum in einem ist.

Die über Eppstein thronende Burg wurde 1122 erstmals urkundlich erwähnt.

Die Fachwerkhäuser und Burg Epstein bilden ein einzigartiges Freilichtmuseum.

Alljährlich wird die atemberaubende Kulisse genutzt, um Theatervorstellungen oder Schauspiele aufzuführen. Klassische und moderne Musik ertönt bei den **Burgkonzerten**. Einmal im Jahr öffnen sich die Tore für die **Burgfestspiele**. Und sportlich geht es beim **Eppsteiner Burglauf** oder dem **Mountainbike-Marathonrennen** her.

KLEIN, ABER FEIN

Eppstein selbst ist ein kleiner, verträumter Ort, die Altstadt ein großes Freilichtmuseum, dessen liebevoll gestaltete **Fachwerkhäuser** aus der Zeit vom 15. bis 19. Jahrhundert stammen. Das einstige evangelische Pfarrhaus aus dem Jahr 1725 und die katholische Pfarrkirche im neugotischen Stil lassen erahnen, welch wichtige Rolle die Religion seit jeher für die Region spielt. Das **Ensemble der Eppsteiner Gotteshäuser** wird durch die zu Beginn des 15. Jahrhunderts erbaute Talkirche komplettiert. Dieses spätgotische Meisterwerk im Zentrum von Eppstein sticht aus der Vielzahl umliegender Fachwerkhäuser hervor.
Eine schöne Aussicht über die Stadt hat man vom **Neufvilleturm**. Die Tore des Aussichtsturmes stehen an Wochenenden sowie an Feiertagen von Anfang April bis Ende September offen.

BERGPARK VILLA ANNA Schon vor über 100 Jahren machte der Bergpark Villa Anna von sich reden, als Besucher das Landschaftsparadies als »begehbares Landschaftsgemälde« bezeichneten. Von diesem Reiz hat der Park bis heute nichts verloren. Noch immer besticht die Grünanlage mit ihrem Reichtum an exotischen Bäumen, deren Vielfalt von Mammutbäumen und Douglasien über orientalische Fichten bis hin zu Weymouthskiefern reicht.

AUF EINEN BLICK

Info

STADT/REGION: Idstein, Eppstein
BESTE REISEZEIT: März bis November
OPTIMALE REISEDAUER: 2–3 Tage
TOURISTINFO: Magistrat der Hochschulstadt Idstein, Tourist-Info, König-Adolf-Platz 2, 65510 Idstein, Tel. 06126/78-0, idstein.de
Tourist-Information Eppstein, Bezirksstraße 2, 65817 Eppstein, Tel. 06198/28 63, taunus-info.de

NICHT VERSÄUMEN

HEXENTURM: Obere Schlossgasse, 65510 Idstein
RESIDENZSCHLOSS IDSTEIN: Besichtigung im Rahmen von Führungen von März bis Oktober möglich. Schlossgasse 22, 65510 Idstein
STADTMUSEUM IM KILLINGERHAUS: König-Adolf-Platz, Tel. 06126/786 22, idstein.de
BURG EPPSTEIN & STADT- UND BURGMUSEUM EPPSTEIN: Eintritt 4 Euro, Kinder 1,50 Euro. Auf der Burg, 65817 Eppstein
BERGPARK VILLA ANNA: Theodor-Fliedner-Weg 5, 65817 Eppstein

WOHNMOBILSTELLPLATZ WOHNMOBILHAFEN IDSTEIN

ADRESSE: Himmelsbornweg 3, 65510 Idstein, Tel. 06126/786 20, idstein.de
GPS: 50.21783, 8.27878
Gebührenpflichtiger Stellplatz für zwölf Mobile am Ortsrand. Er liegt auf einem Parkplatz und einem für Reisemobile angelegten, ausgewiesenen Areal. In der Nähe: Historische Altstadt, Stadtmuseum im Killingerhaus, Residenzschloss und Schlossgarten. Ganzjährig nutzbar.

Verdiente Ruhepause auf dem Wohnmobilstellplatz Idstein

Weltkurstadt und Stilikone

Das 1894 erbaute Hessische Staatstheater am Warmen Damm in Wiesbaden

7

Wiesbaden ist die Hauptstadt des Landes Hessen – und mit seinen 15 Thermal- und Mineralquellen eines der ältesten Kurbäder Europas sowie einer der beliebtesten europäischen Kur- und Badeorte der Belle Époque. Heute punktet Wiesbaden u. a. mit Klassizismus, Historismus und Jugendstil.

»Aquae Mattiacorum« – so wurde die Siedlung rund um das heutige Wiesbaden von den Römern einst genannt: Wasser der Mattiaker. Die hier ansässigen Mattiaker waren ein Stamm der germanischen Chatten, deren Angehörige sich vermutlich schon früh mit der ursprünglich keltischen Bevölkerung vermischt hatten. Und von den heißen Quellen, für die Wiesbaden bekannt ist, berichtete auch der römische Geschichtsschreiber Plinius. Die Aufschrift »Aquis Mattiacis« auf dem Wiesbadener Kurhaus erinnert noch heute an den den Wassern der Mattiaker geweihten Ort.
Siedlungsspuren sind im Stadtgebiet bereits aus der Jungsteinzeit vor 5000 Jahren nachgewiesen. Vor 2000 Jahren stand bereits ein erster römischer Militärposten auf dem Heidenberg. Mit dem Ausbau der Thermen begann wenig später der Bau einer zivilen römischen Siedlung, die um 370 mit einer Mauer befestigt wurde. Reste dieser sogenannten Heidenmauer sind immer noch erhalten.
Ende des 4. Jahrhunderts übernahmen Alemannen die Herrschaft über Wiesbaden, ein Jahrhundert später setzte die Besiedlung durch Franken ein. Einhard, der Biograf Karls des Großen, erwähnte um 830 erstmals »Wisibada«, die früheste Überlieferung des Namens Wiesbaden.
Seit dem Spätmittelalter gehörte Wiesbaden den Grafen von Nassau. 1547 und 1561 vernichteten Brände fast die gesamte mittelalterliche Bausubstanz. Auch der Dreißigjährige Krieg brachte verheerende Wirkungen mit sich. Ab 1690 wurde die Stadt erweitert und neu befestigt. 1744 verlegte Fürst Karl von Nassau-Usingen seine Residenz in das Biebricher Schloss; Wiesbaden wurde Sitz der Regierung des Fürstentums und später des Herzogtums Nassau.
Im 19. Jahrhundert entwickelte sich die Stadt zu einem internationalen Kurort. Wiesbaden wurde Hauptstadt eines Regierungsbezirks und beliebter Ruhesitz von Offizieren und höheren Beamten des kaiserlichen Hofstaates – und das Stadtbild fortan zunehmend von vornehmen Wohnhäusern und Villen sowie noblen Hotelpalästen geprägt.

7

MUSTERBEISPIEL DES HISTORISMUS

Die Wiesbadener **Innenstadt** bietet ein sehr einheitliches Erscheinungsbild. Die Mehrzahl der Gebäude ist in einer Zeitspanne von nur etwa 60 Jahren zwischen 1850 und dem Beginn des Ersten Weltkrieges 1914 entstanden. Fast alle sind dem Klassizismus, dem Historismus und dem Jugendstil zuzurechnen. Deshalb gilt Wiesbaden heute auch als Musterbeispiel des Historismus. Durch ihren Ruf als Weltkurstadt entstanden in der Innenstadt **repräsentative öffentliche Gebäude** wie das Kurhaus (1907), das Hessische Staatstheater (1894), die Marktkirche (1853 bis 1862) und die Ringkirche (1894) sowie ausgedehnte Parkanlagen, etwa der Kurpark, der Warme Damm, die Reisinger-Anlagen und das Bowling Green.

BACKERBRUNNEN Zentrale Lage in der Altstadt am Bäckerbrunnen vor dem Landtag und gutbürgerliche Küche. Grabenstraße 28, Tel. 0611/37 34 09

CURRY MANUFAKTUR Pommes, Currywurst und Mayo mitten in der Fußgängerzone am Römertor – draußen Stehtische, im Obergeschoss Sitzgelegenheiten. Am Römertor 3

◀ Früher das Stadtschloss, heute Sitz des Hessischen Landtags ▶ Die Marktkirche

Abendausklang in der Gastronomiemeile Goldgasse in Wiesbaden

UNTERWEGS IM ALTEN ZENTRUM

Im Bereich des Historischen Fünfecks ist das alte Zentrum der Stadt zu finden. Hier lässt sich noch der unregelmäßige Grundriss der Straßen erkennen. Mittelpunkte sind hier der **Schlossplatz** sowie der **Mauritiusplatz**. Mauritius war seit dem Mittelalter Patron der Kirche in der Mitte der Stadt, bis diese 1855 bis auf die Grundmauern abbrannte und so der leere Platz quasi übrig blieb.

Der Schlossplatz überrascht mit einem Ensemble von historischen Gebäuden. Hier stehen das älteste erhaltene Gebäude der Innenstadt, das zwischen 1608 und 1610 erbaute **Alte Rathaus**, das heute als Standesamt dient, sowie das von Georg von Hauberrisser 1884 bis 1887 errichtete **Neue Rathaus**. Das ehemalige **Stadtschloss** der nassauischen Herzöge aus den Jahren zwischen 1837 und 1842 ist heute Sitz des Hessischen Landtags. Die historischen Innenräume des Schlosses, das die Nordseite des Platzes dominiert, stehen im Kontrast zu seinem schlichten Äußeren. Kaiser Wilhelm II. nutzte das Stadtschloss bei seinen zahlreichen Aufenthalten während Wiesbadens Zeit als Weltkurstadt als Wohnsitz.

Das Erscheinungsbild der Innenstadt wird von der evangelischen **Marktkirche** dominiert, die zwischen 1853 und 1862 von Carl Boos erbaut wurde. Der »Nassauer Landesdom« wurde nach dem Vorbild von Schinkels Friedrichswerderscher Kirche in Berlin als größter Backsteinbau Nassaus errichtet. Der 98 Meter hohe Hauptturm, einer von fünf Türmen der Kirche, ist bis heute das höchste Gebäude der Stadt. Auf der Rückseite des Neuen Rathauses und der Marktkirche befindet sich der **historische Marktkeller**, der von der Marktsäule gekrönt wird. Im Marktkeller hat sich das Stadtmuseum von Wiesbaden einquartiert.

Das im neoklassischen Stil errichtete Kurhaus am Wiesbadener Kurpark

STADTMUSEUM AM MARKT Neben der preisgekrönten Dauerausstellung zur Stadtgeschichte – von der Eiszeit bis in die Neuzeit – zeigt das Stadtmuseum wechselnde Sonderausstellungen zu archäologischen, kulturhistorischen oder künstlerischen Themen.

MARKT AUF DEM DERN'SCHEN GELÄNDE Der Wochenmarkt findet immer mittwochs und samstags im Bereich Dern'sches Gelände/untere Marktstraße/Schlossplatz/De-Laspée-Straße statt.

VORNEHM FLANIEREN

Am östlichen Rand des Historischen Fünfecks verläuft die elegante **Wilhelmstraße**. Hier befinden sich neben einladenden Geschäften und Cafés das **Museum Wiesbaden**, das 1813 bis 1817 erbaute **Erbprinzenpalais**, heute Sitz der Industrie- und Handelskammer, sowie die **Villa Clementine**, die Kulisse für die TV-Verfilmung von Thomas Manns »Buddenbrooks«. Das jährlich Anfang Juni ausgerichtete Wilhelmstraßenfest, das **»Theatrium«**, gilt als größtes Straßenfest Deutschlands. An der Ostseite der Wilhelmstraße wurde 1860 der **Landschaftspark Warmer Damm** angelegt. Und an der östlich von ihm verlaufenden Paulinenstraße steht die **Söhnlein-Villa**, die wegen ihres Washingtoner Vorbilds auch »Weißes Haus« genannt wird.

MUSEUM WIESBADEN Das Hessische Landesmuseum für Kunst und Natur vereint in seiner Sammlung Höhepunkte aus Natur- und Kunstgeschichte und hat sich auf junge zeitgenössische Kunst spezialisiert.

7

DAS KURECK ERKUNDEN

Am nördlichen Ende der Wilhelmstraße befindet sich das Kureck. Mittelpunkt ist das **Bowling Green**, eine rechteckige Grünfläche mit zwei imposanten Kaskadenbrunnen, die von einem hufeisenförmigen Gebäudeensemble umschlossen wird. Den Blickfang im Osten bildet das 1905 bis 1907 von Friedrich von Thiersch im neoklassischen Stil errichtete **Kurhaus**, in dem u. a. die Spielbank und ein Restaurant untergebracht sind. Hinter diesem erstreckt sich der 7,5 Hektar große, nach dem Vorbild englischer Landschaftsgärten 1852 angelegte **Kurpark**.

Im Norden des Bowling Greens stehen die **Kurhauskolonnaden**, mit 129 Meter Länge die längste Säulenhalle Europas und direkt gegenüber die **Theaterkolonnaden** mit dem 1894 eröffneten **Hessischen Staatstheater**. Ganz in der Nähe liegt der Kranzplatz direkt neben dem Kochbrunnenplatz mit dem Kochbrunnentempel. Um diesen gruppierten sich einige der **Wiesbadener Grandhotels**: so das älteste Hotel Deutschlands, der bereits 1486 gegründete »Schwarze Bock«, das ehemalige »Palasthotel« – es war das erste überhaupt mit Zimmertelefon – sowie das »Hotel Rose«, in dem seit September 2004 die Hessische Staatskanzlei residiert. Unweit des Kranzplatzes stehen das historische **Kaiser-Friedrich-Bad** von 1913, ein römisch-irisches Bad, das von den Thermalquellen mit Wasser beliefert wird, sowie das **Römertor**, an dem Reste der römischen Heidenmauer erhalten sind.

◀ Der Friedrich-von-Thiersch-Saal im Kurhaus ▶ Das Eingangsportal zum Kurhaus

◀ Die Kaiser-Friedrich-Therme im Stadtzentrum ▶ Die historische Nerobergbahn

QUELLEN DER GESUNDHEIT

Wiesbaden ist berühmt für seine vielen kochsalzhaltigen **Thermalquellen**, die für vielfältige Kuren genutzt werden. In der Innenstadt gibt es heute noch 14 heiße Quellen mit Temperaturen zwischen 46 und 66 °C. Der **Kochbrunnen** ist mit einer Förderleistung von etwa 500 000 Litern pro Tag und einer Temperatur von 67 °C die ergiebigste. Daneben sind noch einige weitere Quellen öffentlich zugänglich, darunter der **Bäcker-** und der **Faulbrunnen**, der seinen Namen Schwefelverbindungen mit ihrem typischen Geruch verdankt. Besucher wie Johann Wolfgang von Goethe, Fjodor Dostojewski, Richard Wagner, Johannes Brahms oder Alexej von Jawlensky haben allerdings nicht nur wegen der Quellen, sondern auch wegen der **Spielbank** in Wiesbaden Station gemacht.

Tipp

Die Kaiser-Friedrich-Therme im Herzen der Stadt bietet Erholungsuchenden Badeluxus auf höchstem Niveau. Die Anlage ist ein textilfreier Badepalast, der sich im Stil einer antiken Therme mit säulenverzierten Räumen und aufwendigen Ornamenten präsentiert – eine Hommage an das römische Schwitzbad, auf dessen Fundament sie errichtet wurde.

DRAHTSEIL-FAHRT AUF DEN HAUSBERG

Ein Fahrerlebnis der besonderen Art kann man zu Wiesbadens schönstem Aussichtspunkt genießen: eine Fahrt mit der historischen **Nerobergbahn**, der zweitältesten mit Wasserballast betriebenen Drahtseil-Zahnstangenbahn Europas. Schon zu Kaiser Wilhelms Zeiten rumpelten die beiden kleinen gelb-blauen Bergbahnwagen mit 7,3 Kilometern pro Stunde hinauf und wieder hinunter. 3,5 Minuten reine Fahrtzeit benötigt sie heute wie damals, um von der Talstation über das Viadukt hinauf auf die 245 Meter hoch gelegene Bergstation zu gelangen. Am Neroberg erhebt sich neben dem **Städtischen Weingut** die **Russische Kirche** mit ihren vergoldeten Kuppeln.

AUF EINEN BLICK

Info

STADT/REGION: Wiesbaden
BESTE REISEZEIT: ganzjährig
OPTIMALE REISEDAUER: 2–3 Tage
TOURISTINFO: Wiesbaden Tourist-Information, Marktplatz 1, 65183 Wiesbaden, Tel. 0611/172 99 30, wiesbaden.de

NICHT VERSÄUMEN

STADTSCHLOSS: Schlossplatz 3, hessischer-landtag.de/jugend/das-wiesbadener-stadtschloss
ALTES RATHAUS: Marktstraße 16
MARKTKIRCHE: Schlossplatz 4, marktkirche-wiesbaden.de
STADTMUSEUM AM MARKT (SAM): Marktplatz, Tel. 0611/44 75 00 60, wiesbaden.de
MUSEUM WIESBADEN: Friedrich-Ebert-Allee 2, Tel. 0611/335 22 50, museum-wiesbaden.de
KURHAUS & KURPARK: Kurhausplatz 1, kurhaus.wiesbaden.de
KOCHBRUNNEN: Kochbrunnenplatz
KAISER-FRIEDRICH THERME: Langgasse 38–40, Wiesbaden, Tel. 0611/31 70 60, mattiaqua.de/thermen/kaiser-friedrich-therme
NEROBERGBAHN: Wiesbadens schrägstes Wahrzeichen fährt vom 15. April bis 31. Oktober täglich im 15-Minuten-Takt von 9 bis 19 Uhr. Tel. 0611/450 22-550, nerobergbahn.de

REISEMOBILHAFEN WIESBADEN

ADRESSE: Wörther-See-Straße 29, 65187 Wiesbaden, Tel. 0172/662 70 12, reisemobilhafen-wiesbaden.de
GPS: 50.05637, 8.21083
36 Stellplätze mit Stromanschluss, Ver- und Entsorgung, auch für größere Wohnmobile geeignet. Liegt in der Nähe des Freibads. Bushaltestelle zum Rhein und zur Innenstadt in 100 Meter Entfernung.

Zeit für einen Aperitif

WISPERTAUNUS

Wald, Wiesen, Weiden und die Wisper

Am Wisper-Trail-Premiumweg »Der Überhöhische« im Rheingauer Gebück

8

Der Name Wispertaunus steht vor allem für unberührte Natur, die Besucher dazu einlädt, erkundet zu werden. Das Wispertal gehört zu den schönsten Nebentälern des Rheins. Tief eingeschnitten in die Schieferhänge des Taunus, bildet die untere Hälfte der Wisper ein kurvenreiches, enges Tal, das kaum besiedelt ist.

Der Wispertaunus liegt zwischen dem Bacharacher Tal im Westen, dem Mittelrheintaunus und der Zorner Hochfläche im Norden, dem Westlichen Aartaunus im Osten und dem Hohen Taunus im Süden und ist eine zusammenhängende, tief zertalte Waldlandschaft. Auf den Bergrücken über den nördlichen rechten Seitentälern liegen von West nach Ost Ransel, Wollmerschied, Espenschied, Dickschied, Hilgenroth, Nauroth, Springen und Wisper – in ähnlicher Höhenlage liegt über den südlichen linken Seitentälern nur Presberg. Unten im Tal gibt es wesentlich weniger Siedlungen: im Nordwesten im engen Einschnitt des Tiefenbach Sauerthal, im Südosten die Talsiedlungen Niedergladbach, Obergladbach und Fischbach. Und der enge Talgrund der Wisper selbst bietet schließlich nur noch Raum für die kleine Ortschaft Geroldstein. Zwischen der Mündung des Ernstbachs und der Laukenmühle liegt das 21 Hektar große Naturwaldreservat Wispertal. Die Wisper selbst ist ein 30 Kilometer langer Zufluss des Rheins, der am Mappershainer Kopf (548 Meter) auf der Kemeler Heide entspringt und in Lorch mündet. Historisch gesehen war sie die nordwestliche Begrenzung des Rheingaus mit beidseitigen Befestigungsanlagen, von denen heute nur noch Ruinen als stille Zeugen einer bewegten Vergangenheit zu sehen sind.

EIN FREIER STREIFEN LAND

Nach dem Ersten Weltkrieg besetzten die Alliierten 1919 das Rheinland. Nur ein kleiner, schmaler Streifen vom Rhein durchs Wispertal bis zum Aartal wurde übersehen – es entstand der **Freistaat Flaschenhals**. Regierungschef im Freistaat war der Bürgermeister von Lorch, Edmund Pnischek. Er ließ eigenes Geld und eigene Briefmarken drucken, stellte seinen Bürgern – rund 17 000 an der Zahl – Pässe für den Freistaat aus und wollte in Berlin eine Botschaft einrichten sowie diplomatische Beziehungen zu anderen Ländern aufnehmen. 1923 setzten die Franzosen dem kleinen Freistaat im Wispertal allerdings ein Ende.

8

SCHUTZRAUM FÜR ARTENVIELFALT

Der über 1000 Hektar große **Naturwald Wispertaunus** ist Teil des mit knapp 22 000 Hektar größten zusammenhängenden Waldgebiets in Hessen im Rheingau-Taunus. Der wilde Wald mit seinen naturnahen Bächen ist eine wahre Schatzkammer der biologischen Vielfalt. Hier leben zahlreiche seltene Arten, etwa Bechsteinfledermaus, Wildkatze und Feuersalamander, Schwarzstorch und Hirschkäfer. Viele Orchideenarten, aber auch andere seltene Pflanzen sind hier heimisch.

Seit 2016 darf sich der Naturwald Wispertaunus in Richtung eines **Laubwald-Urwalds** entwickeln. Da durch die gute Anbindung an andere Wälder Tiere und Pflanzen zu- und abwandern können, sind die Voraussetzungen für das potenzielle Wildnisgebiet gegeben.

Der Wald im Wispertaunus erstreckt sich zwischen 130 und 377 Meter Meereshöhe, seine höchste Erhebung ist der **Ameisenberg**. Das Landschaftsbild mit seinen flachgründigen Tonschieferböden ist sehr abwechslungsreich und besteht aus Buchen- und Eichengebieten mit kleinflächigen besonderen Waldgesellschaften und einigen Freiflächen. Die Felsen sind von Flechten überzogen.

EIN WAHRES WANDERPARADIES

Zahlreiche Wanderwege laden zum Entdecken des Wispertaunus ein. »Premiumwandern im Wispertaunus« ist ein Leader-Projekt der Regionen Rheingau und Taunus. Mit den Wisper Trails ist in den letzten Jahren im

◀ Auf dem Weg durchs Fischbachtal ▶ Wisper Trail »Glaadbacher Almauftrieb«

Artenvielfalt im über 1000 Hektar großen Naturwald Wispertaunus

dünn besiedelten, naturbelassenen Gebiet entlang der Wisper ein zertifiziertes Wanderwegnetz zwischen den beiden ebenfalls zertifizierten Fernwanderwegen »Rheinsteig« und »Limes Erlebnispfad« entstanden. Mit dem 44 Kilometer langen Wispertaunussteig und 14 Rundwanderwegen warten insgesamt 209 Kilometer an besonderen Wanderwegen auf die Besucher.

Der **Via Monte Preso** ist einer dieser Wanderwege. Er führt in stetigem Auf und Ab durch weite Wälder und freie Flächen, die immer neue Aus- und Fernblicke freigeben. Die abwechslungsreiche Wanderstrecke hat eine Länge von etwa zwölf Kilometern, auf die sich rund 300 Höhenmeter verteilen. Bei gemütlichem Tempo sollte man etwa dreieinhalb Stunden einplanen. Der Weg ist so ausgeschildert, dass er in beide Richtungen begangen werden kann. Den Presberg in Monte Preso umgetauft hat übrigens Pfarrer Theodor Maria Zentgraf, ein großer Italienfreund.

Auch **»Der Überhöhische«** ist ein Wanderweg aus der Gruppe der Wisper Trails. Ausgangspunkt ist der Parkplatz am Bürgerhaus in Hausen vor der Höhe. Die Wanderung führt abwechslungsreich durch Wald, Dörfer und kleinräumige Flur. Sie erschließt dabei auf attraktive Art und Weise den landschaftlichen Charakter rund um die Orte Fischbach und Hausen. Von den Höhen bieten sich eindrucksvollen Aussichten, in den Tälern führt der Weg entlang von Bächen und idyllischen Plätzen, zum Beispiel am Fischbacher Sauerbrunnen, die zum Verweilen und Genießen einladen.

GASTHAUS ZUM FISCHBACHTAL Direkt am Wisper Trail »Der Überhöhische« gelegen, bewirtet die Familie Van Zanten seit mehr als 30 Jahren hungrige Wanderer und Gäste, die regionale Spezialitäten und leckere selbst gemachte Kuchen zu schätzen wissen. Rheingauer Straße 33, 65307 Bad Schwalbach, Tel. 06124/85 89, gasthaus-zum-fischbachtal.de

St. Nikolaus-Kapelle in Obergladbach am Wisper Trail »Gladbacher Almauftrieb«

GASTSTÄTTE ZUM WISPERTAL Familie Hoffmann kocht in ihrem gemütlichen Landgasthaus nach bewährten Rezepten und langjähriger Familientradition. Wisperstraße 1, 65307 Bad Schwalbach, Tel. 06124/13 24, zum-wispertal.de

Mit 5,5 Stunden ist der Glaadbacher Almauftrieb der längste und anstrengendste Rundweg unter den Wisper Trails und kann daher geteilt werden. Der Weg verläuft dort, wo alljährlich im Mai die Schafe beim Almauftrieb durch Niedergladbach die Hänge hinauf zu den saftigen Weiden ziehen. Der Weg führt dreimal aus dem engen Gladbachtal hinauf und wieder hinab, ständig wechselnd zwischen tiefen Wäldern und engen Tälern, offenen Wiesen und Weiden. Und natürlich gibt es immer wieder schöne Aussichten in den Wipertaunus, etwa am Gründchen, am Roten Kopf oder am Gaulskopf.

Tipp

Als letzter Wisper Trail wurde im September 2021 der Wanderweg »Kurschatten« in Bad Schwalbach eröffnet. Der Premium-Spazierwanderweg verbindet Teile des Kurparks mit der Täler-Trilogie im Erholungswald von Bad Schwalbach. Bei dem abwechslungsreichen Weg folgt ein Highlight dem anderen. Dazu zählen der Kneipp-Barfußpfad, das begehbare Moor und die längste Ruhebank Hessens am idyllischen Waldsee, um nur einige zu nennen.

AUF EINEN BLICK

Info

STADT/REGION: Wispertaunus
BESTE REISEZEIT: ganzjährig
OPTIMALE REISEDAUER: 2–3 Tage
TOURISTINFO: Wisper Trails Tourist Info, Tel. 0800/947 73 77, wisper-trails.de
Tourist-Info Bad Schwalbach, Adolfstraße 40, 65307 Bad Schwalbach, Tel. 06124/50 02 00, bad-schwalbach.de
Touristik im Blauen Ländchen, Besucherzentrum, Schulstraße 31, 56355 Nastätten, Tel. 06772/32 10, nastaetten.de

NICHT VERSÄUMEN

WISPER TRAILS: wildnisindeutschland.de/gebiete/wispertaunus/, wisper-trails.de
VIA MONTE PRESO: via.montepreso.de

WOHNMOBILSTELLPLATZ STADT NASTÄTTEN

ADRESSE: Schulstraße 29 (Bürgerhaus), 56355 Nastätten, Tel. 06772/802 82, nastaetten.de
GPS: 50.11475, 7.51323
Die Stadt Nastätten bietet ganzjährig zwei voll versorgte Stellplätze für Wohnmobile in unmittelbarer Nähe des Museums und des Bürgerhauses an. Der Ortskern der Stadt Nastätten liegt nur etwa fünf Gehminuten entfernt.

◀ Zertifiziertes Wanderwegnetz ▶ Mühlenmuseum bei Schlangenbad

Wein, Kultur und bezaubernde Landschaft

An der Rheinuferpromenade in Eltville – im Hintergrund die Kurfürstliche Burg

9

Der Rheingau ist das Vorzeigegebiet unter den deutschen Weintourismusregionen und Eingangstor zum UNESCO-Welterbe Oberes Mittelrheintal. Von Flörsheim am Main über Hessens Landeshauptstadt Wiesbaden, Eltville und Rüdesheim am Rhein bis Lorch am Rhein bietet das an Fläche kleine Gebiet mit das Beste, was eine Region an Natur und Kultur präsentieren kann.

Wer Rheingau sagt, denkt an Kirchen und prächtige Schlösser, eine bezaubernde Landschaft, vor allem aber an pulsierende Weindörfer, von jahrhundertealter Weinbautradition geprägte Klöster und exzellente Weingüter. Die Rheingauer Weine begleiten einen hier wie selbstverständlich auf Schritt und Tritt. Auch zwei UNESCO-Welterbestätten sind mit dem Rheingau-Taunus-Kreis verbunden: Die Welterbestätte »Oberes Mittelrheintal«, eine einzigartige Natur- und Kulturlandschaft, beginnt im Rheingau und verläuft stets am Rhein entlang vorbei an Burgen, Kirchen und dem Felsen der Loreley. Und der »Obergermanisch-Raetische Limes« führt u. a. durch den Taunus.

ELTVILLE AM RHEIN

Als Stadt des Weins, Sekts und der Rosen bekannt, präsentiert Eltville am Rhein sich als besonders schöner Flecken im Rheingau. Die geschichtsträchtige Stadt mit ihrer behutsam restaurierten **Altstadt** ist ein Mekka für Kunstfreunde und Genießer.
Da ist zum einen die **Kurfürstliche Eltviller Burg** mit dem begehbaren Turm zu nennen. In der **Gutenberg-Gedenkstätte** wird hier die historische Druckerpresse ausgestellt. Der Name Gutenberg ist eng mit der Stadt verbunden, schließlich lebte und wirkte der Erfinder und Buchdruckermeister im 15. Jahrhundert zeitweise hier und hinterließ seine Spuren. Der **Rosengarten** rund um die Burg begeistert nicht nur während der jährlichen RosenWochen im Mai und Juni Blumen- und Gartenfreunde. Prächtige Adels- und Bürgerhäuser sowie liebevoll restaurierte Fachwerkhäuser säumen die gepflasterten Altstadtgassen. Der **Eltzer Hof** wurde 1629 von den Grafen zu Eltz erworben und mit vielen Kunstwerken ausgestattet. Und die 1000 Jahre alte **Burg Crass**, in den 1990er-Jahren saniert, beherbergt heute ein Hotel und Restaurant.

9

Ein Spaziergang auf der romantischen **Rheinuferpromenade** ist selbstverständlich ein Muss. Die Eltviller Winzer laden am Weinprobierstand am Rheinufer zur Verkostung ihrer Tropfen ein. Feste, Konzerte und kulturelle Veranstaltungen während des ganzen Jahres zeugen von Gastlichkeit und Lebensfreude.

KLOSTER MIT WEINBAUTRADITION

Mönche des Zisterzienserordens gründeten 1136 das **Kloster Eberbach** in Eltville. Das heutige Erscheinungsbild des Klosters, das mittlerweile den Hessischen Staatsweingütern angeschlossen ist, ist nach wie vor geprägt von der jahrhundertealten Weinbautraditon. Darüber hinaus finden Weinproben, Führungen, Konzerte und andere kulturelle Veranstaltungen statt. Besonderer Höhepunkt sind die Weinversteigerungen, die mehrmals jährlich im ehemaligen Laiendormitorium abgehalten werden.
Sehenswert im Kloster Eberbach sind die 1186 geweihte **Klosterkirche**, eine mächtige romanische Basilika, kunstvoll gestaltete **Grabmäler** und das **Mönchsdormitorium**, ein zweischiffiger, frühgotischer Raum in einem 72 Meter langen Kreuzrippengewölbe. Der **Klostergarten** lädt zum Spaziergang und Verweilen ein, die Klosterschänke zum Essen.

◀ Das 1136 gegründete Kloster Eberbach in Eltville ▶ Bronze-Trachtenpaar

Eltville am Rhein: Stadt des Weins, des Sekts und der Rosen

WEINVERKOSTUNGEN Wenn man durch den Rheingau fährt, entdeckt man überall kleine, aber feine Weinprobierstände. Gäste haben hier unter freiem Himmel und in ungezwungener Atmosphäre die Möglichkeit, die besten Weine zu verkosten. Zwischen Hochheim am Main und Rüdesheim am Rhein laden über 20 Stände dazu ein.

OESTRICH IM RHEINGAU

Oestrich im Rheingau ist neben Mittelheim und Winkel der östliche der drei am Rhein gelegenen und baulich ineinander übergehenden Stadtteile von Oestrich-Winkel. Wahrzeichen von Oestrich ist bis heute der 1745 erbaute **Weinverladekran** direkt am Ufer des Rheins. Bis 1924 wurde der von Menschenkraft angetriebene Kran für das Verladen von Weinfässern benutzt. Heute steht er an Wochenenden während der Sommermonate zur Besichtigung offen. Nur wenige Schritte weiter im Ortskern gibt es das historische **Kranenmeister-Haus** zu besichtigen.

Der **mittelalterliche Marktplatz** mit dem alten Rathaus und der katholischen Pfarrkirche Sankt Martin, den wunderschönen Fachwerkhäusern und angrenzenden Weingütern bildet das Zentrum der Weinstadt. Von hier aus entwickelte sich im Laufe der Jahrhunderte das Städtchen. Im 17. und 18. Jahrhundert bauten zahlreiche begüterte Familien ihre Herrensitze an der Rheinfront.

Oestrich hat in der Nähe aber auch das herrliche **Gottesthal** mit Bachlauf, Weinbergen und alten Mühlen- und Klosterbauten zu bieten, das zu schönen Wanderungen mit Einkehr in den dortigen Gasthöfen einlädt.

Fish & Wine – Genuss und Schifffahrt am Rhein bei Allendorf

Tipp

Das Rheingau Gourmet & Wein Festival setzt Maßstäbe für Genuss in höchster Qualität. Die besten Köche, national wie international, präsentieren vollendete Kochkunst, berühmte Winzer ihre großen Weine – und dies alles in einer wunderschönen Atmosphäre. Das Festival findet in der Regel in der letzten Februar- und ersten Märzwoche jeden Jahres statt. rheingau-gourmet-festival.de

RÜDESHEIM AM RHEIN

Die kleine Stadt im malerischen Rheintal ist weltbekannt. Mit jährlich fast 400 000 Übernachtungen und vielen Tagesgästen ist Rüdesheim wohl die **Touristenhochburg** im Rhein-Main-Gebiet. Wer hat nicht schon von der berühmten **Drosselgasse** von Rüdesheim gehört? Die nur zwei Meter breite und nicht einmal 150 Meter lange Gasse von der Rheinpromenade bergauf zur Rüdesheimer Oberstraße ist der Publikumsmagnet. Alljährlich drängen sich mehr als drei Millionen Besucher durch diese Gasse, wo rheinische Fröhlichkeit, Wein, Musik und Tanz beinahe rund um die Uhr geboten werden.

In der Oberstraße befinden sich eine Reihe **schöner alter Adelshöfe** aus verschiedenen Kulturepochen. Der unzweifelhaft schönste ist der ab dem Jahr 1292 erbaute Brömserhof. Der Klunkhardshof, ebenfalls einer der prächtigsten Bauten Alt-Rüdesheims, ist ein monumentaler, in leichtem Knick geführter, zweigeschossiger Fachwerkbau aus der ersten Hälfte des 16. Jahrhunderts.

9

Im Stadtteil Eibingen erhebt sich inmitten gepflegter Weingärten die **Benediktinerabtei St. Hildegard**, eine Gründung der heiligen Hildegard von Bingen aus dem 12. Jahrhundert. Die **Brömserburg** war vom 10. bis zu Beginn des 19. Jahrhunderts in Besitz der Erzbischöfe von Mainz, die den Wehrbau im 12. Jahrhundert in eine Wohnburg umbauten. Heute befindet sich hier ein interessantes Weinmuseum mit alten Winzergeräten. Die über 700 Jahre alte **Burg Rheinstein** wiederum ist das Symbol der Rheinromantik. Die Burg ist von Rüdesheim und Assmannshausen aus gut per Schiff zu erreichen. Dort gibt es einen Burgladen und die Gaststätte Kleiner Weinprinz.

RÜDESHEIMER WOCHENMARKT Mittwochs von 7–13 Uhr am Parkplatz Zahnradbahnhof in der Bleichstraße.

ELTVILLER WOCHENMARKT Donnerstags von 8–13 Uhr am Kiliansring.

GEISENHEIMER WOCHENMARKT Freitags von 7.30–12.30 Uhr am Bischof-Blum-Platz (am Rheingauer Dom).

◀ Die berühmte Drosselgasse von Rüdesheim ▶ Verschnaufpause im Lindenwirt

9

Tipp

Die historischen, denkmalgeschützten Gebäude der ehemaligen Asbach Uralt Brennerei bilden den Rahmen für die Vinothek RheinWeinWelt in Rüdesheim. Sie gibt den Weinen von 76 ausgewählten Winzern aus dem UNESCO Weltkulturerbe Mittelrheintal und den angrenzenden Gebieten Rheingau, Rheinhessen und Mosel auf über 1000 Quadratmetern eine perfekte Bühne.

DER NIEDERWALD

Hoch über Rüdesheim thront das Standbild der Germania mit dem **Niederwalddenkmal**. Das 38 Meter hohe Denkmal wurde 1883 eingeweiht und erinnert an die Gründung des deutschen Kaiserreiches nach dem Deutsch-Französischen Krieg von 1870/71. Die Hauptfigur Germania ist 12,5 Meter hoch. Den Sockel schmückt ein Bronze-Relief mit 133 lebensgroßen Figuren und verschiedenen Inschriften.

Den **Niederwald-Tempel**, der bei gutem Wetter eine tolle Aussicht bietet, ließ Graf von Ostein im Jahr 1790 erbauen. Die **Rossel** ist eine 1774 errichtete künstliche kleine Burgruine auf der höchsten Erhebung des Niederwalds. Besucher erreichen das Denkmal über eine steil ansteigende Straße oder mit einer Seilbahn über die malerischen Weinberge direkt von Rüdesheim aus.

Über Rüdesheim thront das Standbild der Germania mit dem Niederwalddenkmal.

Unter der Brücke hindurch: Einfahrt vom Rhein in den Jachthafen von Schierstein

SCHIFFFAHRTEN AUF DEM RHEIN Eine Schifffahrt auf dem Rhein gehört zu den Attraktionen, die man beim Besuch in Rüdesheim erleben sollte. Die Ausflugsschiffe sind über Anlegestellen in wenigen Gehminuten von der Altstadt zu erreichen. Sie führen in das enge romantische Rheintal, hin zu uralten Burgen und Schlössern und zum legendären Loreleyfelsen.

RADROUTEN Wer gerne Rad fährt, kann im Rheingau auf ein breit gefächertes Angebot an Radrouten zurückgreifen. Empfehlenswert sind die 65 Kilometer der Rheingauer Riesling-Routen von Flörsheim am Main bis Lorch am Rhein, teils mit Steigungen durch die Weinberge, teils auf flacher Strecke entlang der Flüsse Main und Rhein.

AUF EINEN BLICK

Info

STADT/REGION: Rheingau
BESTE REISEZEIT: ganzjährig
OPTIMALE REISEDAUER: 3–4 Tage
TOURISTINFO: Rheingau-Taunus Kultur und Tourismus GmbH, Haus der Region, Rheinweg 30, 65375 Oestrich-Winkel, Tel. 06723/60 27 20, rheingau.com
Tourist-Information Eltville am Rhein, Besucherzentrum Kurfürstliche Burg, Burgstraße 1, 65343 Eltville, Tel. 06123/909 80, eltville.de
Tourist-Information Oestrich-Winkel, Hauptstraße 87, 65375 Oestrich-Winkel, Tel. 06723/601 28 06, oestrich-winkel.de
Tourist-Information Rüdesheim, Rheinstraße 29A, 65385 Rüdesheim am Rhein, Tel. 06722/90 61 50, rüdesheim.de

NICHT VERSÄUMEN

ELTVILLER BURG: Burgstraße 1, 65343 Eltville, Tel. 06123/909 80, eltville.de
GUTENBERG-GEDENKSTÄTTE: Burgstraße 1, Kurfürstliche Burg, 65343 Eltville, Tel. 06123/909 80, rheingau-taunus.de/museen/gutenberg-gedenkstaette.html
KLOSTER EBERBACH: Kloster Eberbach, 65343 Eltville, Tel. 06723/917 81 00, kloster-eberbach.de
WEINVERLADEKRAN: Rheinufer, 65375 Oestrich-Winkel, rheingau.de/sehenswertes
BENEDIKTINERABTEI ST. HILDEGARD: Klosterweg 1, 65385 Rüdesheim am Rhein, Tel. 06722/49 90, abtei-st-hildegard.de
BRÖMSERBURG & RHEINGAUER WEINMUSEUM: Rheinstraße 2, 65385 Rüdesheim, Tel. 06722/23 48, broemserburg.de, rheingauer-weinmuseum.de
BURG RHEINSTEIN: 55413 Trechtingshausen, Tel. 06721/63 48, burg-rheinstein.de

▲ Abendstimmung am Rhein bei Eltville ▼ Nicht im Text genannt, aber ebenfalls empfehlenswert, ist Camping Brückenschänke in Eltville.

NIEDERWALD-DENKMAL: Am Niederwald, 66385 Rüdesheim am Rhein, Tel. 06722/710 33 70, niederwalddenkmal.de
RHEINWEINWELT: Am Rottland 6, 65385 Rüdesheim, Tel. 06722/944 02 77, rheinweinwelt.de
SCHIFFFAHRT AUF DEM RHEIN: Schifffahrtsgesellschaft Bingen-Rüdesheimer, 65385 Rüdesheim, Anleger 8/10, Am Adlerturm, bingen-ruedesheimer.de

CAMPINGPLATZ RÜDESHEIM

ADRESSE: Kastanienallee 4, 65385 Rüdesheim, campingplatz-ruedesheim.de
GPS: 49.97809, 7.93878
Die drei Hektar große Anlage liegt romantisch direkt am Rhein, 800 Meter vom Stadtzentrum entfernt. Der Platz verfügt über 180 Stellplätze mit Stromanschluss inkl. 40 Rasengitterplätze für Wohnmobile und 30 Komfortplätze mit Wasser- und Abwasser-Anschluss.

BAD SCHWALBACH

Stadt der Mineral- und Moorheilbäder

Rhododendronblüte im Kurpark von Bad Schwalbach

Auch Bad Schwalbach zählt zu den ältesten hessischen Heilbädern und ist ein anerkannter Kneippkurort. Die Stadt liegt idyllisch im westlichen Taunus vor den Toren des Weinbaugebietes Rheingau. Neben dem Kurangebot sind die herrliche Ruhe und gesunde frische Luft der waldreichen Gegend Garanten für einen erholsamen Aufenthalt.

Bad Schwalbach hat eine lange Tradition als Mineral- und Moorheilbad. Noch heute wird das Heilmoor aus den eigenen Moorgruben abgebaut, mit Heilwasser aufbereitet und für Moorbäder und -packungen eingesetzt. Das Heilwasser aus den Bad Schwalbacher Brunnen zeichnet sich durch seinen hohen Eisengehalt aus. Von den mehr als 20 im Laufe der Geschichte beschriebenen Quellen sind noch elf Brunnen erhalten, darunter sieben frei zugängliche Trinkbrunnen (Brodel-, Linden-, Stahl-, Wein-, Champagner-, Ehe- und Schwalbenbrunnen), an denen man kostenlos trinken und sich Wasser abfüllen kann.

DEUTSCHES LUXUSBAD

Schwalbach wurde 1352 als »Langinswalbach« erstmals urkundlich erwähnt. Schafhaltung und Wollweberei verschafften den Einwohnern des Dorfes ein bescheidenes Einkommen. Das älteste Baudenkmal der Stadt ist die 1471 erbaute Dorfkirche, die heutige **Martin-Luther-Kirche**.
Der Arzt Dr. Jacobus Theodorus, genannt Tabernaemontanus, schrieb dem Bad Schwalbacher Wasser in seinem 1581 erschienenen Buch »Neuw Wasserschatz« heilende Wirkung zu und verbreitete damit den guten Ruf der Schwalbacher Quellen. Der **Weinbrunnen** wurde zum Mittelpunkt der Trinkkur und gesellschaftlicher Treffpunkt. Es entstanden Promenaden, Logierhäuser und eine Sommerresidenz der Landgrafen, das **Rotenburger Schlösschen**. Nach dem 30-jährigen Krieg entwickelte sich der Ort zu einem der führenden Luxusbäder Deutschlands.
Einen recht einträglichen Gewerbezweig bildete außerdem der **Versand** des stark eisenhaltigen, kohlensäurereichen Schwalbacher Wassers aus dem Weinbrunnen, das in Fässern und Krügen bis nach Frankreich, Holland, in die Schweiz und nach Prag versandt wurde. Der Weinbrunnen hatte zehn Quellzuflüsse, zu denen auch die später sogenannte Champagnerquelle gehörte.

10

ANZIEHUNGSPUNKT FÜR BERÜHMTE GÄSTE

Eine zweite große Blütezeit erlebt Bad Schwalbach im 19. Jahrhundert. Für die Badekur wurde ein modernes Badehaus, das **Stahlbadehaus**, gebaut, einhergehend mit der Neufassung der Quellen. Am Eingang zum Kurpark errichtete der Hotelier Grebert 1820/21 das Hotel de la Promenade, der heutige **Alleesaal**, im klassizistischen Stil. Es wurde die erste Adresse für berühmte Gäste aus der ganzen Welt, unter ihnen Zarin Marie von Russland und Kaiserin Elisabeth von Österreich. Seit den aufwendigen Restaurierungsarbeiten im Jahr 1997 erstrahlen die Säle wieder im Glanz des 19. Jahrhunderts. Seidenmalerei und die reiche Stuckdekoration mit echtem Blattgold verweisen auf den Stil des zweiten Rokoko.

Um den Ansprüchen dieses Kurpublikums gerecht zu werden, wurde zwischen 1873 und 1879 das prächtige **Kurhaus**, zunächst »Conversations- und Gesellschaftshaus« genannt, im Stil der italienischen Spätrenaissance errichtet. Neben der grandiosen Akustik besticht besonders der große Saal mit seiner architektonischen Gestaltung. Die umschließende Arkadenmauer wird von 20 polierten Säulen aus schwarzem nassauischem Marmor getragen. Die überreiche und sehr lebhafte Oberflächendekoration setzt

Die Fassade des Kurhauses aus den 1930er-Jahren im Stile der Bauhausarchitektur

Bad Schwalbach hat eine lange Tradition als Mineral- und Moorheilbad.

sich zum einen aus der plastischen, reliefartigen Gestaltung mit Stuckwerk und zum anderen aus der festlich-dekorativen Farbgebung zusammen. Die Wirkung der großartigen künstlerischen Ornamentik wurde durch die später hinzutretenden Malereien vollendet. Die kunstvolle Kassettendecke mit den Kristalllüstern ist das Schmuckstück des Hauses. In den 1930er-Jahren wurde die einst üppig geschmückte Fassade des Kurhauses im Stile der Bauhausarchitektur umgestaltet.

KUR-, STADT- UND APOTHEKENMUSEUM 2002 eröffnet, führt das Museum durch die interessante Geschichte Bad Schwalbachs und dessen Kurleben. So zeigt das Apothekenmuseum die im Jahr 1642 gegründete und vollständig eingerichtete älteste Apotheke im Taunus: die Adler-Apotheke.

MOORTRANSPORT PER BAHN

Zwischen 1903 und 1905 wurde das mit modernster Technik ausgestattete königliche **Moorbadehaus** in der Parkstraße 11 errichtet. Mit seinem damals als avantgardistisch geltenden Jugendstil war das Haus ein architektonisches Schmuckstück.

Die örtlichen Moorvorkommen reichten schon bald nicht mehr aus, und so musste Torf aus nahe liegenden Wiesentälern zugekauft werden. Für dessen Transport wurde im Jahr 1926 die **Moorbahn** installiert. Die Feldbahn mit 600 Millimeter Spurbreite brachte das Trockenmoor zur 1,5 Kilometer entfernten Aufbereitungsanlage oberhalb des Moorbadehauses und transportierte den verbrauchten Moorbrei wieder zurück in die Gruben. Der Bahnbetrieb wurde 1991 eingestellt, da das Moor nun-

◀ Spazierweg am Warmen Bach im Kurpark ▶ St. Elisabeth-Kirche in Schlangenbad

mehr per Lkw zur Mooraufbereitung gefahren wurde. Seit 2001 steht die Moorbahn als touristische Attraktion zur **Personenbeförderung** jedoch wieder zur Verfügung, angetrieben von der 1985 gekauften Lok mit der Betriebsnummer 1. Die zehnminütige Reise beginnt beim Moorbadehaus und führt über die Haltestellen Golfhaus, Schwalbenbrunnen und Waldsee zur Endstation Moorgruben.

GASTSTÄTTE ZUM WISPERTAL Hier wird nach langjähriger Familientradition gekocht: Hausmacher Wurst und Wildspezialitäten. Wispertal 1, Tel. 06124/13 24, zum-wispertal.de

LANGENSCHWALBACHER SCHLEMMER- UND KULTURSTATION Bodenständiges Restaurant mit gutem Essen und freundlicher Bedienung. Aarstraße 7 (Alter Bahnhof), Tel. 06124/25 72, alter-bahnhof-swa.de

KLASSIZISTISCHER PARK

Der **Kurpark** erstreckt sich über die beiden Täler Menzebach- und Röthelbachtal. Der historische Charakter des Parks mit Baumalleen und Wegeführungen wurde in den letzten Jahren wiederhergestellt und eine Verbindung zur Stadt selbst geschaffen. Den Eingang zum Kurpark flankiert das 1829 im klassizistischen Stil erbaute **Stahlbadehaus**. Dort werden bis heute die berühmten Kohlensäurebäder zur Behandlung von Herz- und Kreislauferkrankungen sowie Moorbäder und -packungen angeboten. Nur ein paar Schritte weiter steht der 1889 erstmals Champagnerquellchen genannte **Champagnerbrunnen**, der im Jahr 2018 eingeweiht wurde. Durch die Wandelhalle gelangt man direkt in den **Weinbrunnen**, der Bad Schwalbach einst berühmt gemacht hat.

10

ABSTECHER ZUR GRENZE

Mit insgesamt 550 Kilometer Länge, 900 Wachtürmen sowie 120 Kastellen bildet der **Limes** als antike Grenze zwischen dem römischen Imperium und den Germanen eines der eindrucksvollsten archäologischen Denkmäler Mitteleuropas. Ende des 1. Jahrhunderts n. Chr. zunächst als Postenweg an der Außengrenze des Römischen Reiches im Norden mit Wachttürmen angelegt, baute man ihn in den anschließenden Jahrzehnten mit Palisaden, Wällen und zum Teil mit einer Mauer aus. In der Nähe entstanden Militärlager zur Überwachung der Grenze. Vor den Kastellen lebten Händler und Handwerker, aber auch die Familien der Soldaten.
In Hessen reicht der als Welterbe anerkannte Abschnitt von **Grebenroth** im Rheingau-Taunus-Kreis bis **Seligenstadt am Main**. Die 153 Kilometer lange Strecke mit 18 großen und 31 kleinen Kastellen sowie über 200 Wachtturmstellen verläuft dabei über die bewaldeten Höhen des Taunus.

Tipp

1993 verabschiedete sich Franz Keller von der Welt der Michelinsterne und eröffnete mit seiner Frau ein Restaurant mit regionaler Küche: die Adler Wirtschaft, heute vom Sohn geführt. Im Öko-Bauernhof Falkenhof im Wispertal hat sich Keller nun seinen Traum vom Kochen als Genusshandwerk mit besten Lebensmitteln verwirklicht. Falkenhof: Falkenhofstraße 1, 65321 Heidenrod-Dickschied, falkenhof-franzkeller.de; Adler Wirtschaft: Hauptstraße 31, 65347 Hattenheim, franzkeller.de

◀ Genusshandwerker Franz Keller ▶ Regionale Küche im Öko-Bauernhof Falkenhof

◀ Magnolienblüte im Garten der Parkklinik Schlangenbad ▲ Historische Kaffeehalle in Schlangenbad ▼ Wandern auf dem Eselspfad

HISTORISCHE WANDERWEGE

Wer die Umgebung von Bad Schwalbach erkunden möchte, kann zum Beispiel dem elf Kilometer langen **Eselspfad** folgen. Er startet in Schlangenbad und folgt in Teilen dem Rheinsteig im idyllischen Tal des Wallufbaches und teilweise dem Mühlenwanderweg. Der auf der Höhe gelegene Weinort **Rauenthal** bietet zahlreiche Einkehrmöglichkeiten. Auf dem historischen Eselspfad wurden vor 200 Jahren die Schlangenbader Kurgäste mit Eseln in den Weinort Rauenthal gebracht.

Der ebenfalls in Schlangenbad startende **Mystische Weg** führt an den romantischen Felsengruppen »Wilder Mann« und »Wilde Frau« vorbei, die in der Eiszeit entstanden sind. Die knapp sieben Kilometer lange Tour führt über den hoch über Schlangenbad gelegenen historischen Steinernen Tisch. Danach kann man auf dem »Hexentanzplatz« eine wunderbare Fernsicht genießen.

AESKULAP THERME Direkt am Kurpark in Schlangenbad liegt die Aeskulap Therme mit ihrem weichen Thermalwasser mit wohligen 32 °C. Wohltuendes für den Körper bieten auch die Sauerstoff-Sole- und Infrarot-Kabinen, die Massagesessel und Solarien.

AUF EINEN BLICK

Info

STADT/REGION: Bad Schwalbach
BESTE REISEZEIT: April bis November
OPTIMALE REISEDAUER: 2 Tage
TOURISTINFO: Tourist-Info Bad Schwalbach, Adolfstraße 40, 65307 Bad Schwalbach, Tel. 06124/50 02 00, bad-schwalbach.de

NICHT VERSÄUMEN

KURHAUS & KURPARK: Adolfstraße 38, 65307 Bad Schwalbach, bad-schwalbach.de
MOORBAHN: Bad Schwalbacher Kurbahn-Verein e. V., Adalbert-Stifter-Weg 1, 65307 Bad Schwalbach, Tel. 06124/72 63 42, kurbahn-badschwalbach.de
LIMES: limesstrasse.de
KUR-, STADT- UND APOTHEKENMUSEUM: Pestalozzistraße 16, 65307 Bad Schwalbach, Tel. 06124/72 37 60, museum-bad-schwalbach.de
ESELSPFAD: schlangenbad27grad.de/eselspfad
AESKULAP THERME: Staatsbad Schlangenbad, Rheingauer Straße 18, 65388 Schlangenbad, Tel. 06129/48 50, aeskulap-therme-schlangenbad.de

WOHNMOBILSTELLPLATZ AM KURPARK IN BAD SCHWALBACH

ADRESSE: Reitallee 21, 65307 Bad Schwalbach, bad-schwalbach.de
GPS: 50.13991, 8.06372

Der Wohnmobilstellplatz am Kurpark liegt im Röthelbachtal mitten im Kurpark. Die Innenstadt befindet sich in unmittelbarer Nähe des Stellplatzes. Der gepflasterte Platz ist für vier Wohnmobile ausgelegt. Über Münzautomaten stehen Wasser- und Stromversorgung zur Verfügung. Die Nutzung der Toilette am Wohnmobilstellplatz ist kostenfrei.

Wasser und Strom

WEILTAL

Romantische Städte und Landschaften

Der Limburger Dom ist seit 1827 die Kathedralkirche des Bistums Limburg.

11

Das Weiltal eröffnet die landschaftlichen Schönheiten des nördlichen Hochtaunus. Der knapp 50 Kilometer lange Weiltalweg verläuft immer parallel zum Flussbett. Eine Reihe von Orten – von der Feldberg-Region bis hinab ins Weilburger Lahntal – sind nach dem Fluss benannt, so etwa Weilburg oder Weilmünster, die größte Ortschaft im Weiltal.

Die Weil, ein Zufluss der Lahn, entspringt am 826 Meter hohen Kleinen Feldberg. Auf genau 47 Kilometer Länge durchzieht sie vom Taunushauptkamm den nördlichen Hochtaunus und mündet bei Weilburg schließlich in die Lahn. Nach der Aar ist die Weil der zweitlängste Fluss im Taunus.

WEILBURG – »PERLE AN DER LAHN«

Die Stadt Weilburg an der Lahn liegt auf 165 Meter Höhe zwischen Wetzlar und Limburg an einer Lahnschleife, am Übergang zwischen Hochtaunus und Hohem Westerwald. Ein **Stadtrundgang** durch die barocke historische Altstadt wird zu einem spannenden Streifzug durch 500 Jahre Architekturgeschichte. Besonders die Residenz des Hauses Nassau-Weilburg, die eindrucksvoll auf einem Bergsporn hoch über der Lahn thront, **Schloss Weilburg**, zieht die Besucher Weilburgs in ihren Bann.

Graf Philipp III. und sein Sohn Albrecht von Nassau-Weilburg errichteten zwischen 1533 und 1572 ein vierflügeliges Schloss, das den Grafen über 200 Jahre als Residenz diente. Graf Johann Ernst (1675–1719) ließ den Komplex in der Barockzeit so um- und ausbauen, dass Schloss, Nebengebäude sowie Schloss- und Stadtkirche auch heute noch als imposantes Gesamtbild die Besucher beeindrucken.

Angrenzend an das Schloss befindet sich der terrassenförmige **Schlossgarten** mit barocken Orangerien und Gartenräumen, welche im Sommer als Konzertsäle für die **Weilburger Schlosskonzerte** genutzt werden. Das **»Gebück«** am Steilhang in Richtung der Lahnauen wurde 1789 als kaskadenähnlicher Baumpark angelegt und lädt noch heute zum Spazierengehen ein.

BERGBAU- UND STADTMUSEUM Wer mehr über die Stadtgeschichte von Weilburg seit dem Jahr 906 erfahren möchte, ist hier genau richtig. Darüber hinaus kann man sich auch über den Bergbau in der Region informieren.

11

CAFE-BISTRO ALTES ARTHAUS Historisches Interieur verbindet sich hier mit der Gemütlichkeit eines französischen Bistros. Es gibt Kaffee-Spezialitäten und eine kleine Speisekarte. Marktplatz 3, 35781 Weilburg, Tel. 06471/629 93 88, altes-arthaus.de

Tipp

Auf über 2500 Quadratmetern präsentiert der Modellbau-Park 1:8 in der Weilburger Hainallee eine Welt im Maßstab 1:8, die sich stetig verändert und weiter wächst. Am Bahnhof besteigt man die elektrisch betriebene Diesellok und passiert dabei mehrere Bahnübergänge, fährt vorbei an Seen, Altstadtpassage, einer Kirche, Polizei- und Feuerwehrstation, Tankstelle, durch einen Tunnel und wieder zurück zum Bahnhof.

◀ Der Stadtpfeifer von Weilburg auf dem Berliner Pankgrafen-Platz an der Mauerstraße ▲ Evangelische Kirche ▼ Weilmünster ist die größte Gemeinde im Weiltal.

Das Schloss Weilburg zieht die Besucher Weilburgs in seinen Bann.

DER MARKTFLECKEN WEILMÜNSTER

Die größte Gemeinde im Weiltal ist Weilmünster. »Wilmunstre«, 1217 erstmals urkundlich erwähnt, war damals bereits ein Dorf mit eigener Kirche. Die jetzige **evangelische Kirche** wurde Anfang des 16. Jahrhunderts errichtet und 1790 in barockem Stil umgebaut. Der viereckige freistehende **Wehrturm** stammt aus der Zeit um 1300.

Unter den zahlreichen Fachwerkhäusern sticht die **Heimatstube** hervor, ein traufständiges Doppelhaus aus der Zeit um 1700. Das Fachwerkhaus verfügt über Schnitzereien an Schwelle und Eckständer, die Oberlichttür ist mit Rauten und Zopfwerk geschmückt. Heute wird es als Heimatstube des Heimatvereins Weilmünster genutzt.

Der 20 Meter hohe **Kirbergturm**, im Volksmund auch »Römerturm« genannt, liegt 25 Meter oberhalb der Gemeinde. Der ehemalige Wachturm aus der Zeit um 1600 war Teil der mittelalterlichen Befestigungsanlage von Weilmünster und ist heute ein beliebter Aussichtsturm.

RATHSBACHER HOF Im Hofladen gibt es ein reichhaltiges Angebot selbst erzeugter Waren, von Vollkornbroten über Obst, Gemüse, Eier und Wildspezialitäten bis hin zu Getreide in Bioqualität. Aulenhäuser Straße 1, 35789 Weilmünster-Ernsthausen, Tel. 06472/21 77, rathsbacher-hof.de

Schloss Braunfels ging aus der im 13. Jahrhundert erbauten Trutzburg hervor.

LUFTKURORT BRAUNFELS

Stadt und Schloss Braunfels wurden im Jahr 1246 erstmals erwähnt. Die innere Altstadt mit ausgeprägten Verteidigungsanlagen ist der Rest einer vorburgartigen Erweiterung rund um die um 1300 errichtete Burg. Der **Marktplatz** wurde nach dem Stadtbrand von 1679 in seiner heutigen Form gestaltet. Er wird von sehenswerten Fachwerkhäusern umrahmt. Der Marktbrunnen stammt aus dem Jahr 1727.

Der große **Kurpark** mit Lindenallee wurde um 1700 angelegt und im 19. Jahrhundert durch verschiedene Bauten im neogotischen Stil erweitert. Die Wandelhalle wurde 1990 umgebaut und modernisiert.

Tipp

Nicht nur für Familien mit Kindern lohnt sich ein Besuch des zeitgleich mit dem Kurpark angelegten Tiergartens. Im ehemaligen gräflichen Jagdrevier, das gut 55 Hektar Wald umfasst, leben heute Rehe und Damhirsche, Europäische Mufflons und Wildschweine. Rundwanderwege führen durch die Parklandschaft. Der Tiergarten ist täglich geöffnet, der Eintritt ist frei.

FORSTHAUS TIERGARTEN BRAUNFELS Im historischen gräflichen Forsthaus erwartet die Gäste ein gemütliches Bistro/Café. Tiergartenstraße 26, 35619 Braunfels. Tel. 06442/44 44, schloss-braunfels.de/forsthaus-tiergarten

11

Schloss Braunfels ist aus einer im 13. Jahrhundert errichteten Trutzburg hervorgegangen. Ab 1260 diente das Schloss als Wohnburg der Braunfelser Linie der Herren zu Solms. In der mehr als 750-jährigen Baugeschichte der ehemaligen Burg fanden zahlreiche Umbauten statt. Unterhalb der Burg entstanden im 13. und 14. Jahrhundert drei Talsiedlungen, die sich, wehrhaft befestigt, als eine Art Vorburg um die Kernburg herum gruppierten. Tal und Vordertal lagen im Süden innerhalb der Stadtmauern, Hintertal im Norden und Osten außerhalb der Mauern. Der letzte die heutige Erscheinung des Schlosses bestimmende Umbau der im Kern mittelalterlichen, im 17. Jahrhundert aber barock umgestalteten Anlage fand ab 1880 nach neugotischen Plänen statt.
Im Schloss befinden sich **zahlreiche Kunstwerke**: Gemälde niederländischer Meister und der hessischen Malerfamilie Tischbein, der kunsthistorisch bedeutende Altenberger Altar sowie der legendäre Ring der Heiligen Elisabeth von Thüringen. Besichtigt werden können Schlosshof, Rittersaal, Gesellschaftsräume und Gemäldegalerie, sakrale Ausstellungsstücke aus dem Kloster Altenberg, die Galerie mit Jagdgemälden von Johannes Deiker sowie der Kanonenplatz. Außerdem sind das fürstliche **Familienmuseum** und die **Schlosskirche** mit baugeschichtlicher Ausstellung zugänglich.

BRAUNFELSER WOCHENMARKT Auf der Straße Am Kurpark findet jeden Dienstag von 8 bis 13 Uhr ein Wochenmarkt statt, bei dem vorwiegend regionale Händler und Selbsterzeuger ihre Waren anbieten.

Am Braunfelser Wochenmarkt bieten regionale Händler ihre Waren an.

11

LIMBURG AN DER LAHN

Die Stadt Limburg liegt an der Westgrenze Hessens zwischen Taunus und Westerwald zu beiden Seiten des Flusses Lahn. Bei archäologischen Grabungen konnte 2012 eine weilerartige Siedlung aus der Jungsteinzeit um ca. 5000 v. Chr. freigelegt werden. Auf einer Fläche von insgesamt 14 Hektar standen zur Zeit von Kaiser Augustus zwei römische Militärlager. Um 760 entstand die erste merowingische Befestigung auf dem späteren Domberg. Sie wurde wahrscheinlich zur Überwachung einer Furt der Lahn errichtet. Der Name Limburg erschien erstmals 910 in einer Urkunde und bezeichnete einen Berg, der als »Lintpurc« bekannt war.

Nach seinem Schutzpatron St. Georg auch Georgsdom genannt, ist der **Limburger Dom** seit 1827 die Kathedralkirche des Bistums Limburg. Der Dom thront oberhalb der Altstadt neben der **Burg Limburg** und ist weithin sichtbar. Die heutige Gestalt entstand durch den frühgotischen Umbau einer frühromanischen Basilika. Mit seinen sieben Türmen hat der Limburger Dom mehr Türme als jede andere Kirche in Deutschland.

WEINGAU STUBE Das Weinlokal in Limburg bietet auch hausgemachte Köstlichkeiten und deftige warme Speisen in üppigen Portionen. Grabenstraße 43a, 65549 Limburg an der Lahn, Tel. 0171/454 57 83

OBERMÜHLE Hier genießt man regionale Köstlichkeiten in gemütlicher Atmosphäre. Am Huttig 3, 65549 Limburg an der Lahn, Tel. 06431/584 00 84, obermuehle-limburg.de

◀ In Hessen sehr beliebt: Grüne Sauce ▶ Radfahren an der Lahn

Der Weiltalweg lädt Wanderer und Radfahrer zu einmaligen Touren und Ausflügen.

Tipp

Die »Deutsche Gilde der Nachtwächter, Türmer und Figuren« hat es sich zur Aufgabe gemacht, an die alten Traditionen zu erinnern, und bietet spannende Nachtwächterführungen durch Limburg an. Sie finden in den Wintermonaten von November bis Ende März jeden ersten Samstag im Monat um 19 Uhr statt, in den Sommermonaten jeden Samstag um 20 Uhr. Eine Führung dauert rund 1,5 Stunden. Treffpunkt ist die Plötze.

ENTLANG DES WEILTALWEGS

Der 1991 eingerichtete Weiltalweg lädt Wanderer und Radfahrer zu einmaligen Touren und Ausflügen. Er folgt dem Lauf der Weil von der Passhöhe Rotes Kreuz bis zur Mündung kurz hinter Weilburg an der Lahn. Der 1991 eingerichtete Weiltalweg lädt Wanderer und Radfahrer zu einmaligen Touren und Ausflügen. Er startet in knapp 700 Meter Höhe am Roten Kreuz in Schmitten und folgt dem Lauf der Weil von der Passhöhe Rotes Kreuz bis zur Mündung kurz hinter Weilburg an der Lahn. Mit einer Gesamtlänge von 47,9 Kilometern erstreckt sich der Weg vom Hohen Taunus bis zur Residenzstadt Weilburg. Gut ausgebaut und mit vielen Rastmöglichkeiten versehen, geht es stets an der romantischen Weil entlang. Einkehrmöglichkeiten finden sich zahlreich in den Orten, die der Weiltalweg passiert. Als besonderer Service kann zwischen Mai und Oktober der Weiltalbus (Linie 245) genutzt werden, der mit einem Anhänger die Radwegstrecke entlangfährt und bei Bedarf kostenfrei Fahrräder mitnimmt.

AUF EINEN BLICK

Info

STADT/REGION: Weiltal
BESTE REISEZEIT: April bis November
OPTIMALE REISEDAUER: 2–3 Tage
TOURISTINFO: Tourist-Information Weilburg, Marktplatz 3, 35781 Weilburg, Tel. 06471/314 67, weilburg.de
Info Weilmünster, Rathaus, 35789 Weilmünster, Tel. 6472/916 90, weilmuenster.de
Tourist-Information Braunfels, Marktplatz 9, 35619 Braunfels, Tel. 06442/93 44 11, braunfels-erleben.de
Tourist Information Limburg an der Lahn, Barfüßerstraße 6, 65549 Limburg an der Lahn, Tel. 06431/61 66, touristinfo-limburg.de

NICHT VERSÄUMEN

WEILTALWEG: ich-geh-wandern.de/weiltalweg
SCHLOSS & SCHLOSSPARK WEILBURG: Schlossplatz, 35781 Weilburg, schloesser-hessen.de/de/schloss-weilburg
BERGBAU- UND STADTMUSEUM: Schlossplatz 1, 35781 Weilburg, Tel. 06471/37 94 47, museum-weilburg.de
MODELLBAUPARK 1:8: Hainallee 11, 35781 Weilburg, Tel. 06471/62 95 95, weilburger-modellbau-team.de
HEIMATSTUBE: Schlossplatz 1, 35781 Weilburg, Tel. 06471/37 94 47, weilburg.de

Großer, einladender Stellplatz direkt vor den Toren von Schloss Braunfels

Wohnmobilstellplatz im Marktflecken Weilmünster

SCHLOSS BRAUNFELS: Belzgasse 1, 35619 Braunfels, Tel. 06442/50 02, schloss-braunfels.de
TIERGARTEN BRAUNFELS: Tiergartenstraße 26, 35619 Braunfels, tiergarten-braunfels.de
LIMBURGER DOM: Domplatz 3, 65549 Limburg an der Lahn, Tel. 06431/92 99 83, dom.bistumlimburg.de

WOHNMOBILSTELLPLATZ SCHLOSS BRAUNFELS

ADRESSE: Jahnstraße, 35619 Braunfels, Tel. 06442/93 44 11, braunfels-erleben.de
GPS: 50.51502, 8.38592
Der gebührenpflichtige Wohnmobilstellplatz liegt direkt unterhalb der Burg in Braunfels. Befestigter Untergrund. Am Platz: Frischwasser, Strom, WC. Hunde sind erlaubt.

WOHNMOBILSTELLPLATZ DER GEMEINDE WEILMÜNSTER

ADRESSE: Am Froschgraben 10, 35789 Weilmünster, Tel. 06472/91 69 30, weilmuenster.de
GPS: 50.43427, 8.37293
Umgeben von Wiesen und Grünflächen, liegt der großzügig und gut ausgestattete Wohnmobilstellplatz im Marktflecken Weilmünster. Aufgrund seiner zentralen Lage erreicht man sämtliche Einkehr- und Einkaufsmöglichkeiten zu Fuß.

BINGEN AM RHEIN

Idyllisches Städtchen am Rheinknie

Die Burg Rheinstein thront auf einem schroffen Felsen direkt über dem Rhein.

12

Bingen am Rhein steht nicht nur für Hildegard von Bingen, die außergewöhnliche Frau aus dem Mittelalter. Im hübschen Städtchen in Rheinland-Pfalz treffen vier reizende landschaftliche Gebiete aufeinander: im Norden das romantische Rheintal, im Südwesten das Naheland, im Süden und Osten das hügelige Rheinhessen und im Nordosten der verträumte Rheingau.

Der ursprüngliche Name »von Bingen« wurde erstmals Anfang des 2. Jahrhunderts als »Bingium« vom römischen Schriftsteller Tacitus in Zusammenhang mit dem Bataveraufstand erwähnt. Das war eine Revolte der germanischen Bataver sowie keltischer Stämme im Jahr 69 gegen die römische Herrschaft. Zurückgeführt wird der Name auf die urindogermanische Wurzel »bhengo-m«, einen Ort an der Brechung des Flusses – mit dem Zufluss der Nahe endet in Bingen der Oberrhein und es beginnt der Mittelrhein.

KELTEN UND RÖMER

Die Gegend wurde aufgrund ihrer verkehrsgünstigen Lage am Zusammenfluss von Nahe und Rhein bereits in antiker Zeit besiedelt. Die Kelten etwa hatten hier eine Niederlassung. Und zu Römerzeiten war Bingen Ausgangspunkt einer römischen Militärstraße, der Ausoniusstraße, welche die Stadt mit Trier verband. Römische Truppen waren hier stationiert, und um 77 n. Chr. wurde für die römische Rheintalstraße eine erste hölzerne Brücke über die Nahe gebaut. Im 5. Jahrhundert formierte sich eine christliche Gemeinde in Bingen. **Zwei christliche Grabsteine** aus jener Zeit sind beredte Zeugen dafür. Einer davon, der einer Mauricia, ist in die Krypta der Basilika St. Martin eingemauert.

STEINBRÜCKE ÜBER DIE NAHE

Nach dem Fall des Obergermanisch-Rätischen Limes wurde die Stadt im fünften Jahrhundert fränkisches Königsgut und ging 983 durch die Veroneser Schenkung von Otto II. an den Erzbischof Willigis von Mainz. Dieser ließ die steinerne **Drususbrücke** über die Nahe bauen, eine der ältesten Steinbrücken in Deutschland. Mit sieben Bögen und den markanten Eisbrechern an den Pfeilern wurde sie um das Jahr 1000 errichtet. Der Name

12

lässt an eine römische Brücke unter Feldherr Drusus denken, hat aber wohl kaum römische Wurzeln. Sie diente wahrscheinlich der Erschließung des waldreichen Hunsrück-Gebietes von Bingen aus.
Im ersten östlichen Brückenpfeiler befindet sich eine **frühromanische Kapelle**: Die Reisenden konnten hier kurz innehalten und um Schutz vor Gefahren auf ihrer Reise bitten. 1945 wurde die Brücke gesprengt und dann bis 1952 in ihrer ursprünglichen Form, aber mit verbreiterter Fahrbahn wieder neu aufgebaut.

ROMANISCHER KIRCHENBAU

Die **Basilika St. Martin** wurde erstmals urkundlich in einem Schenkungsverzeichnis aus dem Jahr 793 erwähnt. Das romanische Bauwerk wurde 883 zerstört und 1220 neu eingeweiht. Ein Stadtbrand legte die Kirche 1403 erneut in Schutt und Asche. 1416 wurde jedoch bereits die neue St. Martinskirche im gotischen Stil fertiggestellt. Von der frühromanischen Basilika ist noch die **Krypta** aus dem mittleren 11. Jahrhundert erhalten, deren Kreuzgratgewölbe von vier Steinsäulen mit Würfelkapitellen getragen wird. 1944 stürzten nach einer Bombardierung das Gewölbe des Hauptschiffes und ein Teil des Hochaltares ein. Der 1768 gestiftete restaurierte **Hochaltar** stammt aus der Werkstatt des Mainzer Hofbildhauers Peter Heinrich Hencke. Die Kanzel aus dem Jahr 1681 ist mit Figuren der vier Kirchenväter und der Kardinaltugenden geschmückt. Der **Marienaltar** aus dem Jahr 1579 ist eine Arbeit des Delfter Malers Antonis von Montfort, genannt Blocklandt.

BURG-HISTORIE

Mitte des 13. Jahrhunderts wurde auf dem Kloppberg die **Burg und Festung Klopp** als Verstärkung der Kurmainzer Zollbarriere erbaut. Der Berg war Teil eines von einer Mauer umschlossenen Verteidigungsgürtels für die Stadt. 1438 an das Mainzer Domkapitel verkauft, diente die Burg dann als Zwingburg. Im 30-jährigen Krieg wurde sie zerstört, im Jahr 1653 aber wieder aufgebaut. Mitte des 19. Jahrhunderts begann der Kölner Kaufmann Ludwig Cron einen großzügigen Wiederaufbau der mittlerweile teils verfallenen und zerstörten Burganlage. 1897 ging die Burg in den Besitz der Stadt Bingen über. Seitdem residieren hier der Oberbürgermeister und ein Teil der Stadtverwaltung.

◀ Die Burg Klopp ▶ Die im gotischen Stil erbaute St. Martins-Kirche von Bingen

RESTAURANT BURG KLOPP Im lichtdurchfluteten Burgsaal mit traumhaftem Blick in das Rhein-Nahetal kann man im Burgrestaurant eine kreative Küche genießen. Burg Klopp 1, Tel. 06721/156 44, restaurantburgklopp.de

LEGENDÄRER TURM

Auf der kleinen Rheininsel vor Bingen steht ein malerischer Turm, um den sich zahlreiche Legenden und historische Überlieferungen ranken. Bereits zu Römerzeiten stand hier eine kleine Befestigungsanlage. Der Name **Mäuseturm**, 1516 erstmals belegt, leitet sich wahrscheinlich von seiner Funktion als Wachturm – vom mittelhochdeutschen »musen« (»lauern«) – ab. Schon im 16. Jahrhundert wurde er mit einer Legende über Erzbischof Hatto II. in Verbindung gebracht. Dieser hatte 968 die Führung im Erzbistum Mainz übernommen und war damit auch Souverän über Bingen geworden. Bingen war bis dahin de facto eine reichsfreie Stadt. Hattos harte Regentschaft forderte von der Bevölkerung aber erhebliche Mehrabgaben und eine strenge Unterordnung. Während einer Hungersnot ließ Hatto die bettelnde Bevölkerung in eine Scheune einsperren und diese

◀ Der Mäuseturm auf der Rheininsel bei Bingen ▶ Am Bingener Rhein-Kulturufer

anzünden. Die Schreie der Sterbenden kommentierte er mit den Worten: »Hört ihr, wie die Kornmäuslein pfeifen?« Auf einmal kamen Tausende von Mäusen aus allen Löchern und fingen an, am Erzbischof zu knabbern. Im Mäuseturm soll er bei lebendigem Leibe von den Mäusen aufgefressen worden sein.

1298 wurde der Turm in das Zoll-Sperrsystem der Burg Ehrenfels einbezogen.1689 zerstörten französische Truppen das Bauwerk, doch 1855 errichtete Preußen auf der Insel einen Signalturm für die Schifffahrt mit einem Erdgeschoss und drei Stockwerken, über denen sich eine mit Zinnen gekrönte Plattform befindet. Der 24,65 Meter hohe Turm ist mittlerweile zu einem bekannten **Wahrzeichen von Bingen** geworden.

Tipp

Der Rhein, der Mäuseturm und die Ruine Ehrenfels bilden die Kulisse für einen ganz besonderen Ort der Begegnung. Für Kinder und Jugendliche gibt es im Park am Mäuseturm die Aktion »Rhein zum Spielen« mit Skaterplatz und Ballspielfeldern, für Erwachsene einen Geräteparcours sowie zahlreiche Gelegenheiten für Spiel und Sport. Eine beliebte Veranstaltung am sogenannten Kulturufer ist das Kulturuferfest.

RESTAURANT BOOTSHAUS Vintage-Restaurant mit Fokus auf regionaler und gesunder Küche und schönem Blick auf den Rhein. Hafenstraße 47, Tel. 06721/350 10, paparheinhotel.de

12

EISCAFÉ RIALTO Direkt im Herzen von Bingen: eines der besten Eiscafés der Region. Neugasse 6, Tel. 06721/124 94

BERÜHMTE BENEDIKTINERIN

Hildegard von Bingen wurde 1098 als zehntes Kind des Edelfreien Hildebert und Mechthilds von Bermersheim in Bermersheim bei Alzey geboren. Mit 15 Jahren legte sie die heiligen Gelübde ab, wurde Benediktinerin und mit 38 Jahren bereits geistliche Mutter des Frauenklosters. Im Jahr 1150 gründete Hildegard von Bingen das **Kloster Rupertsberg bei Bingen**. Sie erwarb weit über die klösterliche Gemeinschaft hinaus einen hohen Grad an Bekanntheit. Viele Menschen kamen zu ihr, um sie um Rat und Hilfe zu bitten. Sie korrespondierte mit Königen und Päpsten, Erzbischöfen und Äbtissinnen. Aber auch einfache Menschen wandten sich an sie. 1179 starb Hildegard im Alter von 81 Jahren auf dem Rupertsberg bei Bingen. Auf einer Erhebung südöstlich von Bingen steht seit 1895 die im neugotischen Stil erbaute **Wallfahrtskirche St. Rochus**. Deren Geschichte reicht aber viel weiter zurück. 1666, nachdem die Pest viele Tote gefordert hatte, gelobte der Magistrat der Stadt Bingen dem Schutzheiligen der Pestkranken die Stiftung einer Kapelle samt alljährlicher Prozession dorthin. Die Kapelle ging allerdings 1795 bei Kämpfen zwischen französischen Revolutionstruppen und deutschen Soldaten in Flammen auf, wurde aber 1814 neu errichtet.

◀ Hildegard-Altar in der Wallfahrtskirche St. Rochus ▶ Für ein gesundes Leben

◀ Die Wallfahrtskirche St. Rochus ▶ Blick auf den Rhein und die Rheinauen

Ab dieser Zeit wurde die Rochuskapelle auch zu einem Ort der Verehrung Hildegards von Bingen. Die Kirche brannte 1889 infolge eines Blitzschlags erneut nieder und wurde nach Plänen des Diözesanbaumeisters Max Meckel als Wallfahrtskirche neu aufgebaut. Der **Hildegard-Altar** von Jakob Busch zeigt in acht plastischen Reliefs Szenen aus dem Leben der Heiligen. Im Sockel des Altars befinden sich die aus dem Feuer geretteten Reliquien Hildegards.

MUSEUM AM STROM Im historischen Elektrizitätswerk von 1889 lädt das Museum zur Besichtigung der Abteilungen Rheinromantik, Römerzeit und Stadtgeschichte. Neben wechselnden Sonderausstellungen kann man außerdem Hildegard von Bingen mit allen Sinnen erleben – u. a. im dazugehörigen »Hildegarten«, der sich mit dem naturkundlichen Werk der Ätissin beschäftigt.

Tipp

Der lang gestreckte Höhenrücken des Rochusberges gehört zum Binger Stadtwald und lockt mit Spazierwegen, Weinlehr-, Naturlehr- und Trimm-Dich-Pfaden durch Feld, Wald und Weinberge. Auch der Technik-Lehrpfad sowie Route 1 und 2 des Binger Nordic Walking Parks sind in den Höhenpark Rochusberg integriert. Einen besonders schönen Blick über Rheinhessen, das Mittelrheintal, das Nahetal und den Inselrhein hat man vom Kaiser-Friedrich-Turm.

AUF EINEN BLICK

Info

STADT/REGION: Bingen am Rhein
BESTE REISEZEIT: 2 Tage
OPTIMALE REISEDAUER: März bis November
TOURISTINFO: Tourismus und Kongress GmbH Bingen am Rhein, Rheinkai 21, 55411 Bingen am Rhein, Tel. 06721/184-200, bingen.de/Tourismus

NICHT VERSÄUMEN

BASILIKA ST. MARTIN: Basilikastraße 1, Öffnungszeiten: Mo, Mi, Do, Fr 8–17 Uhr, Di, Sa, So 8–20 Uhr
DRUSUSBRÜCKE: bingen.de
BURG KLOPP: Burg Klopp 1, Turmbesteigung April–Okt. 8–18 Uhr
KULTURUFER, BINGER MÄUSETURM & PARK AM MÄUSETURM: Rheinkai 21, Tel. 06721/18 42 00, bingen.de
MUSEUM AM STROM: Museumstraße 3, Tel. 06721/184-353, bingen.de/kultur/museum-am-strom
ROCHUSKAPELLE: Rochusberg 2, Tel. 06721/131 38, pfarrei-bingen.de

WOHNMOBILPARK BINGEN AM RHEIN

ADRESSE: Außerhalb 11, Bingen-Gaulsheim, 55411 Bingen am Rhein, Tel. 06721/15 34 21, wohnmobilpark-bingen.de
GPS: 49.96309, 7.94504
Mit Blick auf Wald und Weinberge bietet der Wohnmobilpark eine besondere Kulisse. Gastronomie, Einkaufsmöglichkeiten, eine Stadtbushaltestelle und das Rheinufer befinden sich in der Nähe.

CAMPINGPLATZ BAUER SCHORSCH

ADRESSE: Hindenburgbrücke, Mainzer Straße 199, 55411 Bingen Kempten, Tel. 06721/171 60, bauer-schorsch.de
GPS: 49.37039, 7.94015
Direkt am Rheinufer gelegen, bietet der Campingplatz 100 Touristik- und Reisemobilplätze. Alles, was man beim Campen braucht, ist vorhanden – auch ein Kiosk und eine Gaststätte mit eigener Schlachtung.

SIMMERN

Im Herzen des Hunsrück

Im Schinderhannesturm in Simmern war 1799 der berühmte Räuber inhaftiert.

13

Die Kreisstadt Simmern liegt in der Mittelgebirgslandschaft des Hunsrücks in der Simmerner Mulde. Der alte Stadtkern befindet sich in der Tallage des Simmerbachs, die neueren Stadtteile breiten sich auf den umliegenden Höhen aus. Die benachbarten Flusstäler an Rhein, Mosel und Nahe sind jeweils nur knapp 25 Kilometer entfernt.

Der Ortsname Simmern ist vermutlich keltischen Ursprungs. 1330 verlieh Kaiser Ludwig der Bayer der Siedlung und Burg des Raugrafen Georg II. die Stadtrechte. 1359 kam die Stadt an die Pfalzgrafen bei Rhein aus dem Hause Wittelsbach, ab 1410 wurde sie als Residenzstadt ausgebaut.
Ein Stich von Matthäus Merian von 1645 erinnert an den einstigen Glanz der 1689 zerstörten Stadt. Übrig geblieben sind nur wenige Teile der alten Stadtmauer, ein Eckturm, die Bastion am Römerberg hinter der Stephanskirche und ein Pulver- und Gefängnisturm. Der Wiederaufbau begann am Ende des 17. Jahrhunderts.
Seit Beginn des 20. Jahrhunderts wuchs die Stadt über die ehemalige Mauergrenze hinaus. Schon seit 1926 verfügt die Stadt mit dem ehemals größten künstlichen Freibad in der Rheinprovinz über eine besondere Freizeitattraktion. Dieser Sektor wurde im Laufe der Jahre immer weiter ausgebaut. Als Tor zum Naturpark-Soonwald erhielt die Stadt eine neue Herausforderung als touristisches Informationszentrum.

HERZOGLICHE RESIDENZ

Die mittelalterliche **Burg Simmern** wurde unter Herzog Friedrich I. (1459–1480) zur Residenz der Simmerner Herzöge ausgebaut, aber bereits 200 Jahre später im Pfälzischen Erbfolgekrieg (1689) gänzlich zerstört. Das jetzige **Neue Schloss** entstand 1708 bis 1713 als Sitz des pfälzischen Oberamtmannes. Das Gebäude besteht aus einem Hauptbau mit zwei vorgezogenen Seitenflügeln im klassizistischen Stil. 1802 schenkte Napoleon das Schloss der Stadt, die es als Gericht, später als Schule, Garnison, Arresthaus und Dienstwohnung nutzte. Heute befinden sich im Gebäude ein Festsaal, das **Hunsrück-Museum**, die städtische Bücherei im Schloss, das Trauzimmer, die Tourist-Information sowie – im Dachgeschoss – die **Kunstsammlung** des Malers und Bildhauers Friedrich Karl Ströher (1876–1925).

13

HUNSRÜCK-MUSEUM Das Hunsrück-Museum wurde 1921 als Heimatmuseum gegründet und präsentiert die Natur- und Kulturgeschichte der Region in den Sammlungsbereichen Volkskunde (Möbel/Kleidung), Vor- und Frühgeschichte, Römerzeit, Stadt- und Territorialgeschichte, Herzöge von Pfalz-Simmern (Münzen, Karten, Stiche), Naturkunde (Fossilien).

GEFANGEN IM TURM

An der Ostecke der ehemaligen Stadtbefestigung erhebt sich ein Turm, der ehemals als Pulvermagazin und Gefängnisraum diente. Als eines der wenigen Gebäude überstand er den großen Brand und die Zerstörung von 1689. Das steile, barocke Kegeldach sowie die westliche Freitreppe erhielt der Turm allerdings erst 1750.
Den Namen **Schinderhannesturm** trägt er nach dem berühmt-berüchtigten Räuber Johannes Bückler, Schinderhannes genannt. Nach dessen Gefangennahme im Februar 1799 in Schneppenbach wurde er nach Simmern gebracht und dort inhaftiert. In der Nacht vom 19. auf den 20. August 1799 gelang ihm die Flucht aus dem bis dahin als ausbruchssicher geltenden Turm. Im ehemaligen **Verließ** vermitteln heute Exponate und Ausstellungsstücke anschauliche Eindrücke rund um Mythos und Realität der Geschichten über den Räuberhauptmann.

◀ Die Burgstadt Kastellaun ▶ Die spätgotische Stephanskirche in Simmern

◀ Straßenszene in Simmern ▶ Die Räuberfigur auf dem Schinderhannesturm

WOCHENMARKT Jeden Donnerstag und Samstag findet vormittags auf dem Schlossplatz der beliebte Wochenmarkt mit frischen Spezialitäten, Obst und Gemüse, Backwaren, Blumen und sonstigen Waren aus der Region statt.

KIRCHENSCHÄTZE

Den Grundstein zum Bau der heutigen dreischiffigen, spätgotischen **Stephanskirche** legte Herzog Johann I. im Jahr 1486. An den lang gestreckten Chor an der Nordseite sind Turm und Sakristei angebaut. Am südlichen Seitenschiff befindet sich die **St.-Anna-Kapelle** mit den **Grabdenkmälern der Simmerner Herzöge**. Diese gehören zu den bedeutendsten Werken der Bildhauerkunst des 16. Jahrhunderts zwischen Mainz und Trier. Die **historische Orgel** von 1776 stammt aus der Werkstatt der Sulzbacher Orgelbauer-Familie Stumm und ist die größte im Hunsrück. Auf dem neu gestalteten **Fruchtmarkt**, dem Platz vor der Stephanskirche steht der große schwarze Löwenkopf, das Simmerner Wappentier und Symbol kurpfälzischer Vergangenheit.

In der Gemeinde Mörsdorf startet der Rundweg Geierlayschleife.

Die katholische **Josefskirche** wurde von 1749 bis 1752 nach Plänen des kurpfälzischen Bau- und Werkmeisters Johann Jakob Rischer in der Klostergasse erbaut. An den rechteckigen Langhaussaal schließt sich ein Halbkreischor an, an dessen Scheitel sich der haubengekrönte Glockenturm erhebt. Eine zweigeschossige Vorhalle mit Portal und Freitreppe verbindet die Kirche mit dem 1703/04 errichteten ehemaligen **Karmeliterkloster**.

RESTAURANT BERGSCHLÖSSCHEN Die Küche im Hotel Bergschlößchen verarbeitet nachhaltige, regionale und saisonale Produkte. Alle Gerichte werden täglich frisch zubereitet. Nannhausener Straße 4, Tel. 06761/90 00, hotel-bergschloesschen.de

RESTAURANT SCHLOSSSCHÄNKE Frische wird auch bei Familie Paris großgeschrieben und überzeugt Gäste seit über 25 Jahren. Schlossstraße 16, Tel. 06761/40 66, schlossschänke-simmern.de

13

NAHERHOLUNGSGEBIET

Südlich von Simmern beginnen die Erhebungen des **Soonwaldes** mit dem Simmerner Stadtwald, östlich befindet sich ein Naherholungsgebiet mit dem **Simmersee**. Das Umland von Simmern bietet unzählige Möglichkeiten für Entspannung und Freizeitbeschäftigungen. Wander- und Radwege laden zur sportlichen Betätigung.

Der vier Kilometer lange **kulturhistorische Rundweg** beispielsweise verbindet zehn Stationen miteinander und ist in etwa 1,5 Stunden zu erwandern. Unterhalb der Stadtmauer mit Bastion am Römerberg führt der Weg durch den Wingertsbergpark, die Mühlengasse entlang und bis zu der 1898 als landwirtschaftliches Mustergut eingerichteten Domäne am Simmersee mit gastronomischem Betrieb.

NATURFREIBAD SIMMERN Badespaß für Groß und Klein bietet das Naturfreibad Simmern, das mitten in der Natur mit Attraktionen wie Sprungturm, Wassertrampolin, Badeinsel oder Rutschen aufwarten kann. Auch Gummiboote sind ausdrücklich erlaubt.

Der Hunsrück ist durch seine Lage für Windparks besonders prädestiniert.

Die Hängeseilbrücke Geierlay überquert das Mörsdorfer Bachtal und ist mit 360 Meter Länge eine der längsten Hängeseilbrücken Deutschlands.

FÜR ABENTEURER UND SCHWINDELFREIE

Die **Hängeseilbrücke Geierlay** ist eine Fußgängerseilbrücke zwischen den Gemeinden Mörsdorf und Sosberg im Hunsrück. Sie überquert das Mörsdorfer Bachtal und galt mit ihren 360 Meter Länge bis 2017 als die längste Hängeseilbrücke Deutschlands. Die Brücke ist eine Attraktion für Schwindelfreie und Abenteurer. Nach dem Vorbild Nepalesischer Hängeseilbrücken schwingt sie sich von einem Brückenkopf zum anderen. Den Namen erhielt sie in einem ausgeschriebenen Wettbewerb; er bezeichnet die Gemarkung, über die sie führt. Die **Restauration Geierlay** ist Teil des Besucherzentrums.

Rund um die Brücke kann der **Rundweg Geierlayschleife** belaufen werden. Von der Burgstadt Kastellaun aus kann man die Hängebrücke auch mit dem Rad erkunden. Der 35 Kilometer lange **Geierlay-Radrundweg** ist vor allem für E-Bike-Fahrer und geübte Fahrradfahrer zu empfehlen.

Tipp

Ein attraktives Ausflugsziel für Naturliebhaber und Familien mit einzigartigem Panorama bietet der Tierpark Rheinböllen. Er beherbergt 40 Tierarten – vor allem heimische Wild- sowie bedrohte Haustierarten, aber auch einige Exoten. Viele der Tiere bewegen sich frei auf dem Gelände, sodass man ganz nah dran sein kann.

AUF EINEN BLICK

Info

STADT/REGION: Simmern
BESTE REISEZEIT: April bis November
OPTIMALE REISEDAUER: 2 Tage
TOURISTINFO: Tourist-Information Simmern-Rheinböllen, Schlossplatz 4–8, 56337 Simmern/Hunsrück, Tel. 06761/83 72 89, sim-rhb.de/tourismus

NICHT VERSÄUMEN

NEUES SCHLOSS: Schlossplatz 4, sim-rhb.de/tourismus
HUNSRÜCK-MUSEUM: Schlossplatz 1, Tel. 06761/70 09, hunsrueck-museum.de
SCHINDERHANNESTURM: Turmgasse 8, Tel. 06761/23 84
STEPHANSKIRCHE: Fruchtmarkt 1, Tel. 06763/93 20 11, ev-gemeindeverbund-simmern.de
SIMMERSEE: Am Simmersee, sim-rhb.de/tourismus
NATURFREIBAD SIMMERN: Gemündener Straße 8, Tel. 06761/90 80 69, naturfreibad-simmern.de
HÄNGESEILBRÜCKE GEIERLAY: Kastellauner Straße 37, 56290 Mörsdorf, Tel. 06762/40 18 73, geierlay.de
TIERPARK RHEINBÖLLEN: Tierpark Rheinböllen, Hochwildschutzpark 1, 55494 Rheinböllen, Tel. 06764/89 94 50, tierpark-rheinboellen.de

WOHNMOBILSTELLPLATZ P2 HÄNGESEILBRÜCKE GEIERLAY

ADRESSE: Windorfer Straße 16, 56290 Mörsdorf, Tel. 06762/961 82 71, geierlay.de
GPS: 50.10521, 7.33733
Gebührenpflichtiger Stellplatz für 20 Mobile am Ortsrand auf einem überwiegend ebenen, teilweise schattigen Platz. Das Zentrum ist zu Fuß erreichbar. In der Nähe ist auch die schönste Hängeseilbrücke Deutschlands.

Installation zur Sensibilisierung für grünen Strom

MOSELTAL

Geprägt von Wald, Wein und Wasser

Das charmante Kur- und Weinstädtchen Traben-Trarbach an der Mosel

Eingebettet im rheinischen Schiefergebirge, zieht sich das deutsche Moseltal von der Westgrenze Deutschlands nach Nordosten. Es wurde und wird gestaltet vom stark mäandernden Verlauf der Mosel und den vielen Weinbergen an teils sehr steilen Hängen und zählt zu den schönsten Regionen der Bundesrepublik.

Die Mosel ist mit 544 Kilometer Fließstrecke nach der Maas der zweitlängste Nebenfluss des Rheins. Die »kleine Maas« entspringt auf 700 Meter Höhe in den französischen Vogesen am Col de Bussang und mündet am Deutschen Eck in Koblenz in den Mittelrhein. Der Name Mosel leitet sich von der keltischen Namensform Mosea über das lateinische Mosella ab, eine Verkleinerungsform von Mosa, der lateinischen Bezeichnung der anfangs parallel fließenden Maas. Erstmals wurde die Mosel vom römischen Historiografen und Senator Tacitus (58–120) erwähnt.

DIE DOPPELSTADT TRABEN-TRARBACH

Eingebettet in die unverwechselbare Wein- und Waldlandschaft lädt das charmante Kur- und Weinstädtchen Traben-Trarbach zum Besuch. Architektonische Kostbarkeiten des **Jugendstils** und der **Belle Epoque** prägen das Stadtbild. Das 1899 fertiggestellte **Brückentor** ist ein Wahrzeichen der Doppelstadt und Werk des Berliner Jugendstil-Architekten Bruno Möhring. Über der Stadt ragen die Ruinen der viel umkämpften **Grevenburg**. Sie war ab 1350 Regierungssitz der hinteren Grafschaft Sponheim, wurde in der Folgezeit sechsmal belagert und 1795 von den Franzosen gesprengt. Auf dem Halbinselberg gegenüber stand einst die berühmte Festung Mont Royal, 1687 bis 1692 unter Vauban für Ludwig XIV. zur Beherrschung der Rheinländer erbaut. Auf Westeuropas Widerstand hin wurde sie jedoch 1698 geschleift.

Um den **historischen Platz am Alten Stadtturm** reihen sich das Mittelmosel-Museum, das Haus der Ikonen sowie das Zeitreise-Museum und bilden zusammen mit dem renovierten Stadtturm samt Glockenspiel und dem neu eröffneten Buddha-Museum ein kleines Zentrum kulturhistorischer Sammlungen. Im Stadtteil Traben lädt das weltweit einzige Schuh Styling Museum zum Besuch: Alles dreht sich um 350 Jahre Schuhputzgeschichte und das Kunsthandwerk des Schuhputzens.

14

IN DIE »UNTERWELT«

Traben-Trarbach war schon um 1900 eine der bedeutendsten Weinhandelsstädte. Um die Kapazität der Weinkeller zu vergrößern, wurden große Flächen des Stadtkerns mit teilweise mehrstöckigen, über 100 Meter langen **Gewölben** unterkellert. Trotz mehrerer Stadtbrände sind einige Fachwerk- und Patrizierhäuser und malerische alte Winkel übrig geblieben, besonders im Stadtteil Wolf mit seiner alten Klosterruine und in Kautenbach, einer ehemaligen Bergwerkssiedlung im Wildbadtal.

ALTE ZUNFTSCHEUNE Gutbürgerliche, saisonorientierte Küche mit frischen moselfränkischen Gerichten und Spezialitäten in einladend historischem Ambiente. Bahnstraße 18, 56841 Traben-Trarbach, Tel. 06541/97 37, zunftscheune.de

FRISCHE ZUNFTSCHEUNE Familiengeführtes Restaurant mit authentischem Ambiente und guter Küche. Historische Stadt-Mühle Weihertorplatz 1, 56841 Traben-Trarbach, Tel. 06541/818 87 77

DIE DOPPELGEMEINDE TREIS-KARDEN

Treis-Karden liegt am Schnittpunkt alter Handelswege in einem Landschaftsschutzgebiet zwischen Hunsrück und Eifel. Der Ortsteil Karden blickt von den Anhöhen links an der Mosel, Treis befindet sich am rechten Ufer. Die ehemalige Stifts- und jetzige Pfarrkirche St. Castor dominiert

Weinfässer und Details im Kirchengut Wolf in der Weinbauregion Mosel

Die Pfarrkirche St. Castor dominiert das Ortsbild von Treis-Karden.

mit ihren mächtigen Türmen das Ortsbild. Sie gehört mit ihren romanischen, gotischen und barocken Stilelementen zu den kunsthistorisch bedeutendsten Sakralbauten an der Mosel. Das Stiftsmuseum neben der Kirche dokumentiert mit Funden aus keltischer, römischer und fränkischer Zeit eine 2000 Jahre alte Geschichte. Von der Blüte des Stiftes zeugen die zahlreichen Bauwerke des ehemaligen Stiftsbezirkes aus dem 12. bis 18. Jahrhundert. Zwischen dem Flaumbach- und dem Dünnbachtal, am Ortsrand von Treis, liegen zwei Burgen: Die Burg Treis stammt aus dem 11. Jahrhundert, ist aber mittlerweile nur noch eine Ruine; die Wildburg ist zwar noch gut erhalten, allerdings heute in Privatbesitz.

BEILSTEIN – »DORNRÖSCHEN« DER MOSEL

Die Altstadt von Beilstein mit ihren historischen Bauten gibt einen Einblick in eine mittelalterliche Stadt. Sehenswert sind insbesondere der malerische **Marktplatz** von 1322 mit dem ehemaligen Zehnthaus, der früheren Pfarrkirche St. Christophorus und der alten fürstgräflichen Kellnerei aus dem 18. Jahrhundert.

Die **Burgruine Metternich** mit ihrem fünfeckigen Bergfried bietet eine herrliche Aussicht über das im Bachtal liegende Beilstein und weit über die Mosel. Die Ruine ist ortsbildprägend für Beilstein, das »Dornröschen der Mosel«. Sie stammt aus dem 12. bis 15. Jahrhundert und befand sich ab 1637 im Besitz des Freiherrn von Metternich. Im Jahr 1689 wurde sie zerstört. Die Burg ist vom Marktplatz in Beilstein aus zu Fuß über einen kurzen, steilen Pfad zu erreichen.

Die Burgruine Metternich in Beilstein bietet eine herrliche Aussicht über die Mosel.

CALMONT-KLETTERSTEIG Ein wahres Abenteuer verspricht der Calmont-Klettersteig im steilsten Weinberg Europas. Der Weg führt über Leitern an markanten Felsspornen vorbei; Stahlseile geben Halt bei der Querung eines Felsgrates. Für die Anstrengung belohnt das herrliche Panorama zwischen den Orten Bremm und Ediger-Eller. Die 3,5 Kilometer lange anspruchsvolle Wanderstrecke sollten allerdings nur Kletterer in Angriff nehmen, die im Umgang mit künstlichen Sicherungen, Tritt- und Halteeisen an Felsen, Drahtseilsicherungen und Kletterleitern (sechs sind es an der Zahl) geübt sind.

DEUTSCHLANDS ÄLTESTE WEINREGION

Deutschlands älteste Weinregion, die klassische Mosel-Weinbauregion, ist das größte Steillagen-Weinbaugebiet der Welt. Die Reben – Schätzungen gehen von 60 Millionen (!) Rebstöcken aus – stehen hier dicht an dicht, und das schon sehr lange. Bereits vor 2000 Jahren haben Kelten und Römer die besondere Lage erkannt und ihren Wein auf den Hängen angebaut. Die rund 8700 Hektar Rebflächen im Tal der Mosel und seiner Nebenflüsse Saar und Ruwer, 3400 Hektar davon in Steillagen, werden von 2800 Winzern bewirtschaftet. Zum größten Teil sind es weiße Sorten, insgesamt 90,7 Prozent, die hier gedeihen. Unter diesen ist mit über 60 Prozent der Riesling unangefochten die Nummer eins, vor dem Müller Thurgau (9,8 Prozent) und dem Elbling (5,5 Prozent). Die 9,3 Prozent der roten Rebsorten teilen sich der Blaue Spätburgunder mit 4,7 und der Dornfelder mit 3,1 Prozent.

14

WEINGUT HEINZ-JOSEF GILLES Ein kleiner, aber feiner Familienbetrieb, inzwischen in der vierten Generation. Kirchberger Straße 18, 56253 Treis-Karden, Tel. 02672/74 03, gilles-wein.de

ULRICH LANGGUTH WEINGUT Hier lässt man den Weinberg sprechen und arbeitet die Besonderheiten der Einzellagen und Parzellen heraus. Rissbacherstraße 1, 56841 Traben-Trarbach, Tel. 06541/93 96, langguth-ulrich.com

WEINGUT VOLLENWEIDER Sechs Hektar in Steil- bis Steilstlagen mit oft alten, wurzelechten Rieslingreben, die trockene, süße und edelsüße Gewächse liefern. Wolfer Weg 53, 56841 Traben-Trarbach, Tel. 06541/81 44 33, weingut-vollenweider.de

KULINARISCHE SPEZIALITÄT

Schon die Römer brachten den »Perserapfel« an die Mosel. Seitdem steht der **MoselWeinbergPfirsich** in den Weinbergen und bereichert die Winzerküche. Im Wingert ist das zierliche Bäumchen der erste Frühlingsbote, wenn sich seine Zweige mit rosa Blüten schmücken, lange bevor an den Reben das erste Grün sprießt. Im Herbst wiederum bringt sein tiefrotes Laub herrliche Farbspiele in die gelbe Rieslinglandschaft. Mit der Rückbesinnung auf traditionelle Gerichte und dem Interesse an naturnahen, gesunden Produkten erlebt der »MoselWeinbergPfirsich«, so die Marketing Schreibweise, die sich für diese Spezialität inzwischen durchgesetzt hat, eine Renaissance.

◀ Auf zum Calmont-Klettersteig ▶ Mit dem Wohnmobil durch die Weinberge

14

PERFEKTES DUO: WANDERN UND WEIN

Eine ganz besonders reizvolle Art, das Ferienland im Moseltal zu erwandern, bieten die **Weinwanderwege** in ihren verschiedenen Ausprägungen. 18 Themenwanderwege gehören zur **Mosel.Erlebnis.Route** und bieten Abwechslung für zahlreiche Erkundungen zu den Themen Wein, Archäologie, Flora/Fauna, Religion, Kunst und Literatur. Sie führen an schroffen Felsen entlang, teilweise hoch über dem Fluss, schlängeln sich durch Rebhänge und enden an atemberaubenden Aussichtspunkten oder in pittoresken Weindörfern, natürlich mit einer großen Anzahl an gemütlichen Weinstuben. Wer möchte, kann auch eine geführte Tour oder eine Weinberg- und Weinerlebniswanderung mit Weinproben und Vesper inmitten der Weinberge buchen.

Tipp

Wenn Sie die Mosel von oben überblicken wollen, bietet sich eine Wanderung auf den Prinzenkopf an. Der 235,5 Meter hohe Berg liegt an einer schmalen Verengung der Moselschleife um den Zeller Hamm. Oben angekommen, muss noch der Prinzenkopfturm, ein Stahl-Fachwerkbau mit insgesamt 113 Stufen, zur 18 Meter hoch gelegenen überdachten Aussichtsplattform bewältigt werden. Belohnt wird man mit einem der besten Ausblicke auf die Mosel mit ihrer engen Schleife von Pünderich über Zell nach Bullay sowie auf die umliegenden Weinberge, die Hunsrückhöhen und den Kondelwald.

◀ Schmucke Fachwerkhäuser in Ediger-Eller ▶ Aussichtsturm am Prinzenkopf

Beeindruckender Blick vom Moselsteig bei Bremm auf die Moselschleife

ELDORADO FÜR RADFAHRER

Auch für Fahrradfahrer hat das Moseltal viel zu bieten. Der **Mosel-Radweg** etwa beginnt im französischen Thionville und endet am Deutschen Eck in Koblenz. Auf der 240 Kilometer langen Strecke stehen 40 »Lauschpunkte«, die die Radfahrer einladen abzusteigen, um die landschaftlichen und kulturellen Besonderheiten am Wegesrand kennenzulernen. Auf dem vorwiegend asphaltierten Weg unterhalten die Moselaner mit viel Witz und Hintergrundwissen. Wer möchte, kann sich dafür die kostenlose »Lauschtour-App« aufs Smartphone laden.

Der im Mai 2011 eröffnete **Hunsrück-Radweg** schafft eine Verbindung von der Mosel durch das Lützbachtal in den vorderen Hunsrück und zum beliebten **Schinderhannes-Radweg** und führt von Saarburg an der Saar über die Höhen des Hunsrücks nach Bacharach am Rhein. Auf einer Länge von rund 155 Kilometern erschließt er als großräumige West-Ost-Verbindung den gesamten Hunsrück. Aus dem Tal der Saar steigt der Radweg entlang der nördlichen Ausläufer des Schwarzwälder Hochwaldes hinauf zum Erbeskopf, der höchsten Erhebung in Rheinland-Pfalz. Über Morbach, Kirchberg und Simmern verläuft er nördlich von Idar- und Soonwald, bevor er von dem Hunsrück-Hauptkamm talwärts in Richtung Rheinebene abfällt.

AUF EINEN BLICK

Info

STADT/REGION: Moseltal
BESTE REISEZEIT: März bis November
OPTIMALE REISEDAUER: 2–3 Tage
TOURISTINFO: Tourist-Information Traben-Trarbach, Am Bahnhof 5, 56841 Traben-Trarbach, Tel. 06541/83 98-0, traben-trarbach.de
Tourist-Information Ferienland Treis-Karden, Im Bahnhof, St.-Castor-Straße 87, 56253 Treis-Karden, Tel. 02672/915 77 00, treis-karden-touristik.de
Mosellandtouristik, Kordelweg 1, 54470 Bernkastel-Kues, Tel. 06531/97 33-0, visitmosel.de
Tourist-Information Ferienland Cochem, Endertplatz 1, 56812 Cochem, Tel. 02671/600 40, ferienland-cochem.de

NICHT VERSÄUMEN

MITTELMOSEL-MUSEUM: In der Barockvilla Haus Böcking, Casinostraße 2, 56841 Traben-Trarbach, Tel. 06541/94 80, mittelmosel-museum.de
HAUS DER IKONEN: Mittelstraße 8, 56841 Traben-Trarbach, Tel. 06541/81 24 08, Haus-der-Ikonen.de
ZEITREISE-MUSEUM: Moselstraße 2, 56841 Traben-Trarbach, Tel. 06541/814 58 66

◀ Das Stiftsmuseum in Treis-Karden ▶ Buddha-Museum in Traben-Trarbach

Schöne, direkt an der Mosel gelegene Stellplätze laden ein.

BUDDHA-MUSEUM: Bruno Möhring Platz 1, 56841 Traben-Trarbach, Tel. 06541/816518-0, buddha-museum.de
SCHUH STYLING MUSEUM: Bahnstraße 37, 56841 Traben-Trarbach, Tel. 0177/461 14 98, schuhstylingmuseum.com
STIFTSMUSEUM TREIS-KARDEN: St.-Castor-Straße 1, 56253 Treis-Karden, Tel. 02672/915 77 00
BURG METTERNICH: Im Mühlenthal 17, 56814 Beilstein, Tel. 02673/936 39
CALMONT-KLETTERSTEIG: Zwischen den beiden Orten Bremm und Ediger-Eller, calmont-klettersteig-moselschleife.de
MOSEL-RADWEG: Von Pern nach Koblenz, visitmosel.de/raderlebnis-mosel/der-mosel-radweg
HUNSRÜCK-RADWEG: Von Saarburg an der Saar nach Bacharach am Rhein, visitmosel.de/tour/hunsrueck-radweg
PRINZENKOPF: An der Moselschleife um den Zeller Hamm, mosel-reisefuehrer.de/prinzenkopf

MOSELSTELLPLATZ TRABEN-TRARBACH

ADRESSE: Rißbacher Straße 155, 56841 Traben-Trarbach, Tel. 06541/31 11, moselstellplatz.de
GPS: 49.96580, 7.10518
Schöner Stellplatz, direkt an der Mosel gelegen. Toller Ausgangspunkt für Wanderungen. Traben-Trarbach ist ebenfalls gut zu Fuß erreichbar. Strom, Wasser und Entsorgung vorhanden, ebenso Toiletten und Duschen.

KIRCHBERG

Alte Stadt und attraktive Ferienregion

Der Marktplatz von Kirchberg gilt als bedeutendes Beispiel barocker Platzgestaltung.

15

Bereits von Weitem erblickt man die Türme der beiden Kirchen und den charakteristischen Wasserturm des auf einer Anhöhe gelegenen Kirchberg. Die älteste Stadt auf dem Hunsrück entstand genau am Schnittpunkt der alten Straßenverbindung Trier-Kirchberg-Bingen-Mainz und der Römerstraße mit dem Keltenweg Nahe-Mosel.

Kirchberg, die »Stadt auf dem Berg«, in moselfränkischer Mundart auch »Kerbrich« genannt, erhielt 1259 die Stadtrechte. Das mittelalterliche Stadtzentrum war von einer turmbewehrten Mauer mit Tortürmen umgeben, deren Verlauf heute noch aus der Vogelschau sichtbar ist. Um dieses Oval dieser ehemaligen Stadtmauer herum entstanden in der Folgezeit die neuen Stadtviertel.

DIE URSPRÜNGE

Nordöstlich in einer Mulde liegt der Stadtteil **Denzen**, der seinen Ursprung in einer **vorrömischen Siedlung** an der alten Wegekreuzung hat. Der östliche Teil der Stadt war einst eine **Militärstation an der Römerstraße** von Trier über den Hunsrück nach Bingen und Mainz, der nach dem römischen Staatsbeamten und Dichter Decimus Magnus Ausonius (310–394) benannten Ausoniusstraße. Die Altstadt wird noch heute von der Trasse dieser alten, schnurgerade ausgerichteten Römerstraße durchschnitten.
Kirchberg ist die älteste bekannte Siedlung des Höhengebietes zwischen Mosel, Rhein, Nahe und Saar. Bereits um 400 v. Chr. siedelte hier der **Keltenstamm** der Treverer. Im 1. Jahrhundert v. Chr. bauten die Römer die Militärstraße von Trier nach Mainz und errichteten die **Siedlung Vicus Dumnissus**. Im 5. Jahrhundert wurde das Gebiet zum Krongut der fränkischen Könige. Aus dem römischen Vicus entstand eine neue Siedlung, die spätestens im 7. Jahrhundert eine erste Kirche am Ort der heutigen Michaelskirche erhielt. Die neue Siedlung wurde **Chiriperg**, vermutlich nach dem Kyrbach, genannt, woraus später Kirchberg wurde.

KIRCHBERGS WAHRZEICHEN

Der **Wasserturm** von Kirchberg ist das markante Wahrzeichen der Stadt. Der Turm wurde gemeinsam mit dem dazugehörenden **Wasserwerk »Auf der Schied«** am Südwestrand der Stadt errichtet. Im August 1900 wurde die gesamte Anlage in Betrieb genommen. Der Turm hat eine Höhe von 36 Metern, das Fassungsvermögen des Wasserbassins beträgt 120 Kubikmeter. Seit dem Jahr 2000 dient der Wasserturm allerdings nicht mehr als Wasserspeicher von Kirchberg.

MITTELALTERLICHES ZENTRUM

Der **Marktplatz** bildet seit dem späten Mittelalter den Mittelpunkt von Kirchberg. Das Ensemble der rechteckigen Platzanlage gilt als bedeutendes Beispiel barocker Platzgestaltung im ländlichen Raum. Die historischen Häuser, in der Mehrzahl **Fachwerkhäuser**, stammen aus dem 17. und 18. Jahrhundert. Das 1746 errichtete **Rathaus** beherrscht den Platz durch seine Ausmaße und die strenge Architektur. Im Dachgeschoss befindet sich die alte Rathausuhr von 1896. Das **Haus Weber** am Marktplatz 6 wurde in der ersten Hälfte des 17. Jahrhunderts erbaut und fällt durch sein reiches symmetrisches Fachwerk und den fünfseitigen Erker mit geschweifter Haube auf. Hier ist heute die Tourist-Information untergebracht.

Seit 1752 beherbergt das altehrwürdige, reich verzierte Fachwerkhaus am Marktplatz von Kirchberg die Schwanenapotheke.

◀ Der Wasserturm, das Wahrzeichen von Kirchberg ▶ Auf dem Weg in die Altstadt

Ein sehenswertes Gebäude ist auch das **Eiscafé Torino** aus der 2. Hälfte des 17. Jahrhunderts. Auf der alten Steinbank vor dem Haus soll der Überlieferung nach Napoleon gesessen haben, als er 1813 durch Kirchberg kam. Die ehemalige Schwanen-Apotheke ist ein Beispiel für Fachwerkhäuser des 17. Jahrhunderts. Direkt neben dem Gebäude befindet sich das **ehemalige Gasthaus Jägerhof**, welches im klassizistischen Baustil errichtet wurde. Trotz unterschiedlicher Bauweise und Stilelemente bilden die beiden Häuser ein harmonisches Ensemble.

Auf der Südseite des Marktplatzes wurde 1753 die **ehemalige Badische Försterei**, ein bedeutender Bau der badischen Zeit, in unmittelbarer Nachbarschaft zur Badische Gendarmerie erbaut. Der Torbogen zwischen Marktplatz und Kirchplatz erinnert an die 700-Jahr-Feier von Kirchberg im Jahr 1949.

Tipp

Eines der ältesten Häuser von Kirchberg ist das Heimathaus, in welchem das Museum der Stadt untergebracht ist. Die Ausstellung fokussiert das Thema Rechtsprechung, von der Folter bis zum Hochgericht auf der Heckerhöhe oberhalb von Kirchberg. Darüber hinaus bietet das Heimathaus Einblicke in die Kirchberger Stadtgeschichte, in der auch Bier eine große Rolle gespielt hat: Mit fünf Brauereien war es im 19. Jahrhundert in der Stadt nämlich in Fülle vorhanden. Und im Untergeschoss kann sich der Besucher über die Entwicklungsgeschichte des Fahrrades eingehend informieren.

◀ Kreuz vor der Kirche St. Michael, der historisch bedeutendsten Kirche auf dem Hunsrück ▲ Im Hunsrück wird bodenständig gekocht. ▼ Wappen am Marktplatz

ÄLTESTER KIRCHENBAU IM HUNSRÜCK

Die katholische **Kirche St. Michael** ist die historisch bedeutendste und wohl auch älteste Kirche auf dem Hunsrück. Die heutige spätgotische Hallenkirche hatte drei steinerne Vorgängerbauten aus dem 8. bis 11. Jahrhundert, deren Fundamente teilweise unter dem Kirchenboden freigelegt worden sind. Der 43 Meter hohe Kirchturm an der Westfassade stammt aus der Zeit nach 1200, Chor und Langhaus sind zwischen 1460 und 1485 errichtet worden. Das in Sandstein ausgeführte Hauptportal auf der Südseite wurde in der zweiten Hälfte des 15. Jahrhunderts angefügt. Zu den ältesten Teilen in der Kirche gehören die Glocke aus dem 14. Jahrhundert und die um 1500 gefertigte gotische Steinkanzel am nördlichen Chorpfeiler. Der Platz um St. Michael diente bis 1792 als Friedhof. Vor dem Südportal der Kirche steht noch das Friedhofskreuz, auf dessen Sockel die Jahreszahl 1744 vermerkt ist. An der Westseite des Kirchplatzes steht das stattliche Barockgebäude des 1765 erbauten früheren Piaristenklosters, das heutige katholische Pfarrhaus.

15

GENUSSREGION HUNSRÜCK

Im Hunsrück kann man Gerichte genießen, die sonst nirgendwo auf der Speisekarte stehen, wie **gefüllte Kleeß** oder **Kappes un Erwes**. Die regionale Hunsrücker Küche bietet eine breite Palette an kulinarischen Köstlichkeiten. Vor allem genießt man bodenständige, ländliche Küche. Hunsrücker Produkte zum Probieren gibt es bei der Regionalmarke SooNahe und bei der Regionalinitiative »Ebbes von Hei«.

BÄCKEREI CAFÉ HOTTENBACHER Café, Bäckerei/Konditorei und Bistro mit kleiner Karte und Mittagstisch. Hauptstraße 14, Tel. 06763/96 03 61

HOFLADEN LAUFERSWEILER Das regionale Angebot reicht von Käse und Milchprodukten über Brot bis hin zum Kaffee – mit Selbstbedienung. Unterdorf 1, 55487 Laufersweiler, Tel. 0151/177 73 85 99, hofladen-laufersweiler.de

IMBISS ZWIEBEL Nette Imbissstube/Snackbar mit Hausmannskost und regionaler Küche. Emil-Thomas-Straße 4–6, Tel. 06763/96 04 95

Getreidefelder im Hunsrück auf dem Weg nach Woppenroth

Kirchberg setzt schon seit Längerem auf Windkraftanlagen.

MODERNE ENERGIEVERSORGUNG

Der **Windpark Kirchberg** entstand von Sommer 2011 bis Februar 2012 auf der Anhöhe »Im Faas« unweit der Hunsrückhöhenstraße zwischen den Orten Kappel, Wüschheim und Reckershausen. Zum Einsatz kamen **23 Windkraftanlagen** mit einer Leistung von jeweils 2,3 Megawatt, einem Rotordurchmesser von 82 Metern und einer Nabenhöhe von 138 Metern. Damit ergibt sich eine Gesamthöhe der Anlagen von 179 Metern. Die Jahresstromerzeugung beträgt 125 Gigawattstunden, was dem Jahresstrombedarf von 35 000 Dreipersonenhaushalten entspricht. Der Strom wird über ein eigens für den Windpark errichtetes Umspannwerk nördlich der Stadt Kirchberg, an das auch zwei weitere Windparks in der Umgebung angeschlossen werden, in das Hochspannungsnetz eingespeist.

RAD- UND WANDERWEGE Die Ferienregion Kirchberg gehört nicht nur zu einer der schönsten und interessantesten Naturlandschaften in Rheinland-Pfalz, sondern ist auch ein attraktives Wandergebiet mit einem ausgedehnten Wanderwegenetz. Infos und Tipps zu Wander- und Radwegen: stadtkirchberg.de/rad-und-wanderwege

AUF EINEN BLICK

Info

STADT/REGION: Kirchberg
BESTE REISEZEIT: April bis November
OPTIMALE REISEDAUER: 2 Tage
TOURISTINFO: Tourist-Information Kirchberg, Marktplatz 5, 55481 Kirchberg, Tel. 06763/91 01 44, stadtkirchberg.de

NICHT VERSÄUMEN

WASSERTURM: Graf-Simon-Straße 31, stadtkirchberg.de
HISTORISCHER MARKTPLATZ
KIRCHE ST. MICHAEL: Kirchplatz 2, pg-kbg-hunsrueck.de
HEIMATHAUS KIRCHBERG: Heimathaus Kirchberg, Ecke Schülergasse/Eifelgasse, Tel. 06763/629 04 92

CAMPING CARAVAN PARK HUNSRÜCK

ADRESSE: Herbert-Kühn-Straße, 55481 Kirchberg, Tel. 06763/544, camping-caravan-park-hunsruck.business.site
GPS: 49.96694, 7.40.646
Sauberer, kleiner, geschotterter Platz in Sackgassenlage im Industriegebiet mit schöner Aussicht, freundlichem, hilfsbereitem Personal und ausgezeichnetem Preis-Leistungs-Verhältnis.

◀ Herbstlandschaft bei Lindenschied ▶ Auf dem Camping Caravan Park

IDAR-OBERSTEIN

Die Schmuck- und Edelsteinstadt

Das teilweise restaurierte Schloss Oberstein wurde 1330 erstmals erwähnt.

16

Idar-Oberstein liegt am südlichen Rand des Nationalparks Hunsrück-Hochwald und beiderseits der Nahe. Eingebettet in eine der schönsten deutschen Mittelgebirgslandschaften, stellt das »EdelSteinLand« ein Eldorado für Edelstein- und Naturliebhaber dar. Besucher werden in Idar-Oberstein »steinreich an einzigartigen Erlebnissen«.

Der heute vermutlich berühmteste Spross von Idar Oberstein, auch wenn nur wenigen bekannt, wurde im Jahr 1955 hier als Sohn eines US-Soldaten und einer Deutschen geboren und 2007 von der Stadt zu ihrem Sonderbotschafter ernannt: Die Rede ist vom amerikanischen Schauspieler Bruce Willis. Die Geschichte der Stadt reicht aber viel weiter zurück: Die Herren vom Stein, erstmals 1075 erwähnt, hatten ihren Sitz oberhalb der später errichteten Felsenkirche auf der bereits im 12. Jahrhundert erwähnten Burg Bosselstein, heute als Altes Schloss bekannt. Der Kernbereich der Herrschaft wurde begrenzt durch Nahe, Idarbach, Göttenbach und Ringelbach. Mitte des 13. Jahrhunderts spaltete sich das Geschlecht in die verfeindeten Linien der Herren von Oberstein, die auf der Burg Bosselstein herrschten, und der Herren von Daun-Oberstein auf Schloss Oberstein. Erstere verließen schon bald darauf die Gegend, und so konnten Letztere ihren Machtbereich ausdehnen. Als Herrschaftssitz mit Burg und Befestigungen entwickelte Oberstein seinen städtischen Charakter. Reste der um 1410 angelegten Stadtmauer sind heute noch »Im Gebück« sichtbar. Die Besiedelung von Idar rechts des Idarbachs kann bis in früheste Zeit durch Bodenfunde nachgewiesen werden. Das Gebiet gehörte überwiegend den Herren von Oberstein und teilt damit die Geschichte mit Oberstein.

WELTLICHE UND GEISTLICHE ZENTREN

Oberhalb der Burg im Loch, der späteren Felsenkirche, erbauten die Herren von Oberstein um 1150 die **Burg Bosselstein**. Hundert Meter über dem Flussbett der Nahe gelegen, ist sie ein markantes Beispiel für eine Spornburg, die um 1600 aufgegeben wurde, weil die Besitzer die hohen Reparaturkosten nicht mehr aufbringen konnten. Die Burg verfiel in der Folgezeit, sodass heute nur noch ein Turmstumpf und ein paar Mauern erhalten sind. Dennoch lohnt sich die Besichtigung, denn von der Burg hat man einen herrlichen Blick auf den Stadtteil Oberstein.

16

Schloss Oberstein wurde 1330 zum ersten Mal erwähnt, erlebte im 15. Jahrhundert eine Blütezeit, brannte im Jahr 1855 vollständig nieder und wurde nach 1980 vom Burgenverein Schloss Oberstein teilweise wieder aufgebaut. Seit Abschluss der umfangreichen Arbeiten ist das Schloss heute ein beliebter Treffpunkt für Einheimische und Touristen geworden.
Auf den Fundamenten der oben erwähnten älteren Höhlenburg Burg am Loch ließ Wirich IV. von Daun-Oberstein zwischen 1482 und 1484 die **Felsenkirche Idar-Oberstein** errichten. Oberhalb des Gotteshauses ragen eine Felswand und die Burg Bosselstein empor. Unterhalb liegen die Häuser des Stadtteils Oberstein. Die evangelische Kirche ist durch ihre Lage und ihre weithin sichtbare Präsenz zum Wahrzeichen der Stadt Idar-Oberstein geworden. Der Weg zur Kirche führt durch einen 1980/81 in den Felsen geschlagenen Tunnel. Bei Renovierungsarbeiten im Laufe der Jahrhunderte wurden Bausubstanz und Innenraum immer wieder grundlegend umgestaltet. Von der verbliebenen Ausstattung ist der Flügelaltar aus dem 14. Jahrhundert mit der Passion Christi bemerkenswert.

SPIESSBRATENHAUS ALTE-KANZLEI Die richtige Adresse, um original Idar-Obersteiner Spießbraten direkt vom offenen Feuer zu genießen. Hauptstraße 432, Marktplatz Oberstein, Tel. 06781/280 59, das-spiessbratenhaus.de

BRITTA'S PFANNKUCHENHÄUSCHEN Pfannkuchen und Rösti in verschiedenen Variationen; freundlicher Service und gemütliche Umgebung. Hauptstraße 48, Tel. 06781/429 83, brittas-pfannkuchenhaeuschen.de

DIE WIRTSCHAFTLICHE BASIS: EDELSTEINE

Ab der Mitte des 19. Jahrhunderts entwickelten sich Idar und Oberstein neben Pforzheim, Hanau und Schwäbisch Gmünd zu einem der vier wichtigsten Schmuckzentren Deutschlands. Aufgrund der natürlichen Vorkommen an Achaten, Jaspis und anderen Edelsteinen waren hier schon früh die Berufe des **Achatschleifers** und später des **Achatbohrers** entstanden. Als Folge siedelten sich um 1660 **Goldschmiede** in der Region an, denn durch das Fassen der Achatwaren konnten deren Absatzmöglichkeiten gesteigert

Die zwischen 1482 und 1484 errichtete Felsenkirche Idar-Oberstein

werden. Sie wohnten hauptsächlich am Obersteiner Naheufer, während die Achatschleifer sich am Idarbach wegen der besseren Wasserverhältnisse zum Betreiben der Schleifsteine niederließen.

Um die Mitte des 18. Jahrhunderts erschöpften sich allerdings die regionalen Achatvorkommen, sodass Idar begann, brasilianischen Achat zu verarbeiten, während sich Oberstein auf die reine **Metallwarenherstellung** konzentrierte. Parallel emanzipierte sich das Goldschmiedehandwerk von der Achatschleiferei. Dies führte in Oberstein Ende des 19. Jahrhunderts zur Gründung zahlreicher **Uhrkettenfabriken**, die zu einem weltweit bedeutenden Industriezweig wurden. Mit dem Aufkommen der Armbanduhr während des Ersten Weltkriegs wurde die Produktion mehr und mehr auf **Modeschmuck** umgestellt. Idar war (und ist teilweise noch heute) neben Antwerpen und Amsterdam der **Welthandelsplatz für Edelsteine**. 1973 wurde das 23-geschossige Gebäude der **Diamant- und Edelsteinbörse** eröffnet, das seither das Stadtbild von Idar dominiert.

Beliebte Souvenirs aus dem EdelSteinLand – aus aller Welt natürlich

INDUSTRIEDENKMAL JAKOB BENGEL Die Schmuckfabrik im Originalzustand ist ein Zeitzeuge der Industriekultur der Modeschmuckindustrie Idar-Obersteins. Besucher erhalten Einblicke in 100 Jahre Zeitgeschichte mit Schmuckstücken, Werkzeugen und Maschinen.

Tipp

Zwei Stadtrundgänge entführen Besucher auf eine Zeitreise in die Vergangenheit. Der Stadtrundgang Edelsteinweg zeigt entlang von 16 Infotafeln auf 1,8 Kilometern die Geschichte Obersteins von der Gründung im Mittelalter bis hin zur weltbekannten Schmuck- und Edelsteinstadt. Der Bengelweg wiederum gibt als kurzer, barrierefreier Themenweg mit Infotafeln Einblicke in die Obersteiner Metall- und Schmuckwaren-Industrie vom Beginn des 20. Jahrhunderts bis heute.

IN EUROPA EINZIGARTIG

Die **Edelsteinminen Steinkaulenberg** in Idar-Oberstein sind die einzigen Mineralienminen in Europa, die für Besucher zugänglich sind. Die Edelsteinvorkommen wurden erstmals 1375 erwähnt. Die Herren von Oberstein erlaubten als zuständige Landesherren ihren Untertanen das Graben nach Edelsteinen gegen Abgabe eines jeden dritten Zentners der Ausbeute. Ursprünglich suchte man über Tage nach den Edelsteinen. Die Abraumfelder nannte man **Kaulen**, daher der Name Steinkaulenberg. Erst später wurde unter Tage nach Edelsteinen gesucht und es wurden **Stollen** in die Berge gegraben. Ab 1875 wurde der Abbau eingestellt, nachdem zuvor bereits zwei Generationen Idar-Obersteiner im Minenbau Brasiliens tätig waren. Diese schafften große Mengen neuen Rohmaterials zur Weiterführung der Edelsteinindustrie heran. Im Jahr 1978 wurden die verschütteten Stollen wieder freigelegt und für den Fremdenverkehr erschlossen.

16

Der **Schaustollen im Steinkaulenberg** ist etwa 400 Meter lang. Gruppenweise werden die Besucher durch den Stollen geführt und können sich die Entstehung der Mineralisation, die Geschichte des Abbaues und die Weiterverarbeitung der Edelsteine anschauen. Die in den Minen vorkommenden Edelsteine sind Varietäten des Minerals Quarz: Achat und Jaspis, Amethyst, Rauchquarz und Bergkristall.
Auf ehemaligen Abraumhalden sind **Schürffelder** angelegt worden, in denen vor allem Kinder- und Jugendliche selbst nach Edelsteinen suchen können. Im **Edelsteincamp** erhalten die Hobbyschürfer Hacken, Pickel und Spaten. Die Verarbeitungsweisen der gefundenen Rohedelsteine können schließlich in der **Historischen Weiherschleife**, der letzten wasserradangetriebenen Edelsteinschleiferei am Idarbach, bestaunt werden.

DEUTSCHES EDELSTEINMUSEUM Hier sind alle Schmuckstein- und Edelsteinarten der Welt in über 10 000 Exponaten ausgestellt. Ein besonderer Schwerpunkt ist die Darstellung der heimischen Mineralien und deren Verarbeitung. Auch Gravuren und Skulpturen aus aller Welt werden gezeigt.

Tipp

Edelsteinschleifer- und Goldschmiedemarkt Ein besonderes Erlebnis ist der Besuch auf dem Deutschen Edelsteinschleifer- und Goldschmiedemarkt mit Straßentheater am 1. Wochenende im August und das bunte Treiben auf den Idarer Edelsteinmärkten an verschiedenen Wochenenden im Jahr.

◀ In der Fußgängerzone von Idar-Oberstein ▶ Im Naturpark Saar-Hunsrück

Verdiente Rast am 410 Kilometer langen Saar-Hunsrück-Steig

EDELSTEINSCHLEIFEREI PETER LIND Wer nicht nur ansehen, sondern für sich auch etwas erwerben möchte, ist in dieser Edelsteinschleiferei mit Schmuck- und Mineraliengalerie richtig. Mainzer Straße 24, Tel. 06781/562 24 71, edelsteinschleiferei-shop.de

WOCHENMARKT Der Wochenmarkt in Idar-Oberstein findet jeden Dienstag und Freitag von 7 bis 13 Uhr auf dem Platz auf der Idar und jeden Donnerstag von 7 bis 13 Uhr am Schleiferplatz statt. Regionale Erzeuger bieten saisonale Produkte an.

WANDERN IM NATURPARK

Der **Saar-Hunsrück-Steig** führt auf 410 Kilometern und 27 Etappen vom saarländischen Perl an der Mosel über Idar-Oberstein und den Hunsrück bis nach Boppard am Rhein sowie über einen Abzweig zur Römerstadt Trier. Der naturnahe Weg geht durch die einmalige Mittelgebirgslandschaft des **Naturparks Saar-Hunsrück** – vorbei an kulturhistorischen Highlights der Kelten, Römer und des Mittelalters – und verläuft zu 70 Prozent auf Waldboden, Graspfaden oder entlang von Bachläufen. Der Steig meidet so weit wie möglich Orte und führt fast ausschließlich durch unberührte Landschaft. Die natürliche Stille steht beim Wandern auf dem Saar-Hunsrück-Steig immer im Vordergrund. Festes Schuhwerk wird empfohlen (saar-hunsrueck-steig.de).

AUF EINEN BLICK

Info

STADT/REGION: Idar-Oberstein
BESTE REISEZEIT: April bis November
OPTIMALE REISEDAUER: 2 Tage
TOURISTINFO: Tourist-Information EdelSteinLand, Hauptstraße 419, 55743 Idar-Oberstein, Tel. 06781/648 71 und 06785/79 14 05, echtedel.com, edelsteinland.de

NICHT VERSÄUMEN

BURGRUINE BOSSELSTEIN: Stadtteil Oberstein, schloss-oberstein.de
SCHLOSS OBERSTEIN: Burgenverein Schloss Oberstein, Auf'm Soder 2, Tel. 06781/249 33, schloss-oberstein.de
FELSENKIRCHE: Kirchweg, Tel. 06781/458 73 15, felsenkirche-oberstein.de
INDUSTRIEDENKMAL JAKOB BENGEL: Wilhelmstraße 42A, Tel. 06781/270 30, jakob-bengel.de
EDELSTEINMINEN STEINKAULENBERG: Im Stäbel, Tel. 06781/474 00, weiherschleife-steinkaulenbergwerk.de
DEUTSCHES EDELSTEINMUSEUM: Hauptstraße 118, Tel. 06781/90 09 80, edelsteinmuseum.de

WOHNMOBILSTELLPLATZ HÖHENBLICK

ADRESSE: Sonnenberger Straße, 55767 Oberbrombach, Tel. 06787/735, wohnmobilstellplatz-höhenblick.de
GPS: 49.69484, 7.25959

Auf dem Stellplatz finden bis zu 75 Reisemobile Platz. Die Plätze sind teilweise parzelliert. Auch Caravaner mit beliebig langen, autarken Gespannen sind herzlich willkommen.

Kunstinstallation auf dem Wohnmobilstellplatz Höhenblick

SAARBURG

Historische Weinstadt am Wasser

Blick von der Saarburg auf die Altstadt mit der Pfarrkirche St. Laurentius

17

Die malerisch in Weinberge und Wälder eingebettete Kleinstadt Saarburg liegt unterhalb der alten Festung Saarburg - direkt am Fluss Saar. Durch die Stadt fließt der Leukbach, der mit seiner Wasserkraft eine der Voraussetzungen für die frühe Blüte des Wirtschaftslebens der Stadt bildete. Der 20 Meter hohe Wasserfall mitten in der Stadt sorgt für ein besonderes Schauspiel.

Die Saar, der größte Nebenfluss der Mosel, entspringt wie diese in den Vogesen. Sie läuft durch Lothringen und das Saarland, bis sie, tief eingeschnitten und in zahlreichen Windungen, die Ausläufer des Hunsrücks durchbricht. Hier formt sie mit steilen Wald- und Felsenhängen romantische Landschaftsbilder, deren berühmtestes wohl die große Saarschleife ist, die vom Aussichtspunkt Cloef bei Orscholz jedes Jahr unzählige Besucher begeistert.

WIRTSCHAFTLICHER WOHLSTAND

Das Gebiet von Saarburg war schon in keltischer Zeit und danach unter den Römern besiedelt. Erstmals urkundlich erwähnt wurde die Stadt 964. Graf Siegfried von Luxemburg erwarb den Inselberg vom Trierer Erzbischof Heinrich und erbaute dort die Festung Saarburg. Die ersten Bewohner außerhalb der Burganlage siedelten sich Anfang des 13. Jahrhunderts in Häusern unterhalb der Burg an.

Der Ort entwickelte sich zu einem lebendigen Marktflecken, dem schon 1291 von König Rudolf von Habsburg die Stadtrechte verliehen wurden. **Schifffahrt, Flößerei** und **Fischerei** sowie der **Weinbau** spielten schon in frühen Zeiten für die Wirtschaft der Stadt die Hauptrolle. Später kamen **Gerbereien** und **Webereien** hinzu und bildeten die Grundlage des Wohlstandes von Saarburg. Um das Jahr 1500 zählte der Ort bereits an die 100 Feuerstellen, jene des Adels und des Klerus nicht mitgerechnet. Während der Raubkriege Ludwig XIV. im 17. Jahrhundert wurde die Festung zerstört und verfiel zusehends. Heute thront sie als romantische Ruine über den bewaldeten Hängen des Burgberges. Auch von der einstigen Stadtbefestigung - die Stadtmauern wurden 1671 durch Kurfürst Karl Kasper von der Leyen erneuert - sind nur noch einige Reste der Stadtmauer mit Türmen und Toren erhalten.

17

BUMMEL DURCH DIE ALTSTADT

Die Leuk, der kleine Bach, der mitten durch die Altstadt von Saarburg fließt, prägt und dominiert das Stadtbild. Ein besonders eindrucksvolles Schauspiel bietet der beinahe 20 Meter hohe **Wasserfall des Leukbaches**, der zwischen Ober- und Unterstadt in die Tiefe stürzt. Er entstand, als im Mittelalter das Wasser der Leuk durch die Stadt umgeleitet wurde, um sich die Wasserkraft zunutze zu machen. Das Wasser ergießt sich in den Leukkessel, der auf der einen Seite durch die fast 15 Meter hohe Tümpelsmauer und auf der anderen Seite durch die lang gezogenen Gebäude der **Hackenberger Mühle** und der ehemaligen kurfürstlichen Mühle – heute **Mühlenmuseum** und **Amüseum** – begrenzt wird. In den Mühlen wurden einst Getreide, Öl und Lohe gemahlen.

AMÜSEUM SAARBURG Hier können Kunst, Kultur und Stadtgeschichte erlebt werden. Zudem werden traditionelle Saarburger Handwerkerberufe wie Gerber, Schuster, Apotheker, Glockengießer und Schiffer präsentiert. Im Museum gibt das Saarburger Kulturbüro Informationen zu aktuellen Veranstaltungen.

Der neugotische Chor der **Pfarrkirche St. Laurentius** ragt mit seinem mächtigen Schieferdach hoch über die verschachtelten Altstadthäuser hinaus. Die Pfarrkirche befindet sich gleich oberhalb des Buttermarktes. Bereits im 13. Jahrhundert stand hier eine kleine Kreuzkapelle, die 1370 das Taufrecht erhielt. Nach mehreren Umbauten erfolgte 1854 ein Neubau im neugotischen Stil. Die **Evangelische Kirche** unterhalb der Burganlage prägt das Stadtbild erheblich mit. Sie wurde 1893 aus gelbrotem Sandstein im neugotischen Stil erbaut.
Von der Brücke »Auf dem Graben« bietet sich ein schöner Blick auf die kleinen **Bachbrücken** und den **Buttermarkt**. Vor der alten Mühle stand das 1900 abgebrannte alte **Rathaus**. Das neue wurde 1906 am Fruchtmarkt in der Oberstadt erbaut. Teile des alten Rathausgiebels wurden an der Rückseite des neuen Rathauses wiederverwendet, ebenso das 1628 vom Trierer Bildhauer Simon angefertigte Stadtwappen, das hier eingelassen wurde. 1998 wurde ein Glockenspiel der Glockengießerei Mabilon am Gebäude angebracht.

Die Leuk fließt mitten durch die Altstadt von Saarburg und prägt das Stadtbild.

ZUNFTSTUBE SAARBURG Die Speisekarte bietet zu jeder Jahreszeit Gerichte der regionaltypischen Küche, immer frisch zubereitet und aus überwiegend regionalen Produkten. Am Markt 11, Tel. 06581/918 70, restaurant-zunftstube.de

WIRTSHAUS ZUM PFERDEMARKT Im gemütlichen Restaurant werden gutbürgerliche Speisen und Spezialitäten der Region geboten. Pferdemarkt 3, Tel. 06581/99 39 13, wirtshaus-zum-pferdemarkt.de

DIE UNTERSTADT

Die Unterstadt wird durch die **Staden-Gasse** geprägt. Eine Doppelreihe meist kleiner Häuser mit zum Teil spitzen Giebeln erstreckt sich entlang des Saarufers. Am **Alten Markt** weitet sich die Straße zu einem kleinen Platz. Beim Anwesen Staden 114, einem dreigeschossiges Gebäude mit vierachsiger Giebelfront aus der Zeit um 1700, endet die historische Gasse. Der **Kunoturm** ist der größte noch erhaltene Wehrturm der alten Stadtbefestigung. Der an der Saar gelegene **Kautenturm** schloss die mittelalterliche Stadtbefestigung zur Saarseite hin ab und diente als Zollturm. Im 1052 erstmals urkundlich erwähnten **Stadtteil Beurig** am gegenüberliegenden Saarufer steht die **Pfarr- und Wallfahrtskirche St. Marien**. Sie wurde in den Jahren zwischen 1479 und 1516 erbaut und ist die älteste Marien-Wallfahrtskirche des Bistums Trier. Das Gnadenbild stellt eine

Die 964 erstmals erwähnte Saarburg thront über der Saar und der Stadt.

Maria lactans, eine stillende Gottesmutter, dar, die als »Mutter der Barmherzigkeit« verehrt wird. Auf dem westlich von Saarburg beim **Stadtteil Kahren** gelegenen 435 Meter hohen Hosteberg steht der 1912 errichtete denkmalgeschützte **Geheimrat-Brügmann-Turm**, ein 18 Meter hoher Wasser- und Aussichtsturm.

WEINGUT ARMIN APPEL In handwerklicher Tradition erzeugte Weine, die das Potenzial der Großen Saarlagen widerspiegeln. Triererstraße 19, Tel. 06581/40 30, weingutappel.de

FERDINAND'S SAAR DRY GIN Gin aus deutschen Landen: Ferdinand's Saar Dry Gin kombiniert hochwertigen Gin mit Rieslingtrauben der Saarregion und 36 weiteren Botanicals. 54439 Wincheringen-Bilzingen, ferdinandsgin.de

DIE BURGRUINE

Die **Saarburg**, erstmals im Jahr 964 urkundlich erwähnt, thront heute über der Saar und der Stadt Saarburg. Sie zählt zu den ältesten Höhenburgen im Südwesten Deutschlands. Von der 127 Meter langen und durchschnittlich 38 Meter breiten Burganlage selbst sind heute nur noch große Teile der Umfassungsmauern sowie ein Wohnturm erhalten.

107 Stufen führen zum **Aussichtsplateau** im oberen Teil des **Mantelturms**. Oben angelangt, bietet sich ein herrlicher Panoramablick in alle Himmelsrichtungen, insbesondere auf die weiträumige Flusslandschaft und die Altstadt zu Füßen des Burgbergs. Zur Burgruine hinauf gelangt man von der Saarburger Unterstadt auf steilen Wegen und Treppen. Die Burganlage ist frei zugänglich.

17

MOSELKANUVERLEIH Mosel und Saar sind ideale Paddelflüsse. Insgesamt stehen in der Region rund zehn abwechslungsreiche Kanu- und Kajaktouren zur Auswahl. Moselstraße 13, 56861 Reil, Tel. 06542/96 95 00, moselkanuverleih.de

Tipp

Einst floss die Mosel durch das mediterran wirkende Konzer Tälchen, heute erkunden es Wanderer und Radfahrer auf dem Weg von oder nach Konz. Auf dem 12,5 Kilometer langen »Erlebnispfad Konzer Tälchen« geht es durch Wiesen, Wälder und Weinberge. Zwischen Saar und Mosel, in einem früheren Umlauftal der Mosel, reihen sich romantische Winzerdörfer aneinander: Niedermennig, Obermennig und Krettnach sowie, nach Süden versetzt, Oberemmel.

DER WEINORT KANZEM

Der Fluss, der Wein und die Menschen bestimmen den Charakter der malerischen Ortschaft Kanzem im Dreiländereck von Deutschland, Frankreich und Luxemburg zwischen den beiden Städten Konz im Norden und Saarburg im Süden. Die der Sonne zugewandten Rebhänge sind vornehmlich mit Riesling bestockt. Weinlagen wie der Kanzemer Altenberg gehören zu den besten Rieslinglagen an der Saar.

◀ Hochwertiger Gin aus deutschen Landen ▶ Eine Paddeltour in Schoden

◀ Beste Rieslingweinlagen am Kanzemer Altenberg ▲ Günther Jauchs Weingut Von Othegraven ▼ Perfekte Kombination: Buch & Wein in Kanzem

Die kleine **Vinothek Buch & Wein** in Kanzem in der Brückenstraße 8 hält 18 Weine der Kanzemer Weingüter zum Verkosten bereit. Hier ist die gesamte Kanzemer Auswahl vertreten. In der angrenzenden Bücherei gibt es in einem liebevoll gestalteten Ambiente ein vielfältiges Leseangebot für Jung und Alt. Buch&Wein wird von ehrenamtlichen Helfern betreut.

WEINGUT VON OTHEGRAVEN Seit 2010 führt Günther Jauch in Kanzem gemeinsam mit seiner Frau Thea sein Weingut von Othegraven in siebter Generation und erzeugt ausdrucksstarke Charakterweine mit eigenständiger Aromatik, die einen in ihren Bann ziehen. Das Weingut steht für jeden offen. Weinstraße 1, 54441 Kanzem, Tel. 06501/15 00 42, von-othegraven.de

Tipp

Oberhalb des Naturwunders Saarschleife, im Kurort Orscholz, vermittelt der »Baumwipfelpfad Saarschleife« einzigartige Ausblicke und Erlebnisse. Mit einer Gesamtlänge von 1250 Metern und einer Höhe von drei bis 23 Metern schlängelt er sich durch Buchen, Eichen und Douglasien in Richtung Saarschleife – vorbei an zahlreichen Lern- und Erlebnisstationen. Der Pfad und der Aussichtsturm sind barrierearm und familienfreundlich konzipiert und ermöglichen die Auffahrt mit Rollstuhl und Kinderwagen.

Auf einen Blick

Info

STADT/REGION: Saarburg
BESTE REISEZEIT: April bis November
OPTIMALE REISEDAUER: 2 Tage
TOURISTINFO: Tourist-Information Saarburg, Graf-Siegfried-Straße 32, Saarburg, Tel. 06581/99 59 80, saar-obermosel.de

NICHT VERSÄUMEN

WASSERFALL IM STADTZENTRUM: Buttermarkt, saar-obermosel.de
AMÜSEUM SAARBURG: Kulturbüro, Am Markt 29, Tel. 06581/99 46 42
BURGRUINE SAARBURG: Schlossberg, saar-obermosel.de
BAUMWIPFELPFAD SAARSCHLEIFE: Cloef-Atrium, 66693 Mettlach-Orscholz, Tel. 06865/18 64 81-0, baumwipfelpfade.de

WOHNMOBILSTELLPLATZ AM ABTEI-BRÄU

ADRESSE: Bahnhofstraße 32, 66693 Mettlach, Tel. 06865/911 51 00, mettlach.de
GPS: 49.49779, 6.59643
Der gebührenpflichtige Wohnmobilstellplatz am Abtei-Bräu für 8 Mobile liegt auf einem öffentlichen Parkplatz neben der Erlebnisbrauerei unmittelbar an der Saar. Ganzjährig nutzbar. Für Restaurantgäste kostenlos.

CAMPING LEUKBACHTAL

ADRESSE: Leukbachtal 1, 54439 Saarburg, Tel. 06581/22 28, camping-leukbachtal.de
GPS: 49.59922, 6.54084
Der Campingplatz liegt mitten im Grünen, am wildromantischen Leukbach am Ortsrand von Saarburg – absolut zentrumsnah: Zu Fuß sind es fünf Minuten zum Einkaufszentrum und 15 Minuten in die Stadt.

Baumwipfelpfad in Orscholz

ERBESKOPF

Erholungsgebiet und Urlaubsregion

Die begehbare Klangskulptur Windklang auf dem Erbeskopf am Saar-Hunsrück-Steig

18

Der Erbeskopf ist mit einer Höhe von 816 Metern der höchste Berg im Hunsrück und in Rheinland-Pfalz. Er liegt im Südwesten des Hunsrücks im Naturpark Saar-Hunsrück und am nördlichen Rand des Nationalparks Hunsrück-Hochwald und ist zu jeder Jahreszeit eine Reise wert.

Ausgedehnte Wälder, Biotope und Hangmoore, seltene Tier- und Pflanzenarten sowie prachtvolle Fernblicke – all das lädt Besucher rund um den Erbeskopf zu Erkundungen und Erlebnissen inmitten einer einzigartigen Natur ein. Der Erbeskopf ist zentraler Treff- und Begegnungspunkt des Saar-Hunsrück-Steigs, Deutschlands schönstem Fernwanderweg, der unmittelbar über das Gipfel-Plateau führt. Mehrere Themenwanderwege, etwa der »Gipfelsteig« sowie die »Traumschleife Gipfelrauschen«, haben auf dem Erbeskopf ihren Ausgangspunkt. Dort befinden sich außerdem ein Freizeit- und Wintersportzentrum mit drei Skiliften und in der warmen Jahreszeit eine Sommerrodelbahn.

TURMBAUTEN

Während eines Manövers 1892 errichteten Pioniersoldaten einen **hölzernen Aussichtsturm**. Der Hunsrückverein beschloss zwei Jahre später den Bau eines steinernen **Kaiser-Wilhelm-Turms** und konnte den 24 Meter hohen Turm 1901 einweihen. 111 Treppenstufen führten zur Aussichtsplattform empor. Ende August 1939 wurde der Turm für zivile Benutzer gesperrt, um drei Stockwerke erhöht und mit militärischen Funkanlagen ausgerüstet zu werden.

Amerikanische Truppen besetzten am 17. März 1945 den Erbeskopf und erweiterten die militärische Nutzung. Drei große **Radartürme** sowie der nach 1960 unter den Südhang des Erbeskopfs erbaute **»Bunker Erwin«** mit dem Kriegshauptquartier Europa Mitte dienten der NATO als multinationale Gefechtsstelle im Kalten Krieg. Der Kaiser-Wilhelm-Turm wurde am 18. August 1961 gesprengt.

Außerhalb des Sperrgebiets wurde 1971 der elf Meter hohe Aussichtsturm **Erbeskopfturm** erbaut, eine Holzkonstruktion mit drei Plattformen. 2011 wurde das Gipfelplateau aufwendig neu gestaltet. Der Erbeskopfturm kann ganzjährig (auf eigene Gefahr) bestiegen werden. Metalltafeln mit Richtungs- und Entfernungsinformationen sind vorhanden.

18

Tipp

Nach der Beseitigung der ehemaligen militärischen Nutzungsspuren wurde das Erbeskopfplateau in seiner ursprünglichen Form wiederhergestellt. Seit der Eröffnung im Frühjahr 2012 lädt der »Skulpturenweg Erbeskopf« ein, die Arbeiten von sechs Künstlerinnen und Künstlern auf einem Rundweg zu erkunden. Die begehbare Klangskulptur »Windklang« des Bildhauers Christoph Mancke ist Aussichtspunkt und Teil des Wanderweges Saar-Hunsrück-Steig. Sie inszeniert eindrucksvoll das Zusammenspiel von Natur und den Elementen. Tonnen von Stahl kreieren ihre eigene Musik. Jedes Wetter spielt dabei seinen eigenen Song, sodass sich der Besuch bei jeder Wetterlage aufs Neue lohnt.

EIN URWALD DER ZUKUNFT

Alte, großflächige Buchenwälder, steile Felsenwände, bizarre Rosselhalden und seltene Hangmoore machen den **Nationalpark Hunsrück-Hochwald** einzigartig. Er ist der jüngste Nationalpark in Deutschland. Auf gut 100 Quadratkilometern entsteht hier, rund um den Erbeskopf, ein Urwald von morgen. Schon heute beherbergt das Gebiet eine einzigartige Pflanzen- und Tierwelt.

Am Skulpturenweg Erbeskopf präsentieren sechs Künstler ihre Werke.

Der elf Meter hohe hölzerne Aussichtsturm Erbeskopfturm wurde 1971 erbaut.

Die erste Nationalparkausstellung im **Nationalparktor im Hunsrückhaus** am Erbeskopf ist einer der Startpunkte für eine Tour in den Nationalpark. Als weitere Startpunkte werden die **Wildenburg mit dem Wildfreigehege** bei Kempfeld und der **Keltenring mit dem Keltenpark** bei Otzenhausen empfohlen.

LANDGASTHOF RAULAND Thalfangs ältestes Gasthaus am alten Marktplatz. Gemütliche Gaststube, Biergarten und bekannt gute Küche: Wild aus dem Hilscheider Forst und Forellen aus heimischen Gewässern. Hauptstraße 17, 54424 Thalfang, Tel. 06504/318, landgasthof-rauland.de

A NETTES WIRTSHAUS Forellen aus dem eigenen Fischteich, hausgemachte »Schleckereie vom Hunsbockel«, authentisch zubereitet. In der Fahrt 3, 54497 Morbach, Tel. 06533/36 62, gasthaus-schmitt-elzerath.de

MORBACH

Morbach liegt auf 430 bis 770 Höhenmetern in der Mittelgebirgslandschaft des Hunsrücks. Die Gemeinde ist für ihre reizvolle Lage, die frische Luft und die überdurchschnittliche Zahl an Sonnenstunden bekannt. Schon Kelten und Römer wussten um die klimatischen Vorzüge und haben hier ihre Spuren hinterlassen. Die beeindruckende Naturlandschaft im Herzen des Hunsrücks lädt zum Wandern und Entdecken ein. Eine authentische Landschaft trifft in Morbach auf natürliche Herzlichkeit.

Die Burgruine Baldenau in Morbach ist die einzige Wasserburg im Hunsrück.

In den letzten Jahren ist in Morbach eine beachtliche museale Erlebniswelt entstanden. Aufgrund der reichen Funde in der ehemals keltischen, später römischen Siedlung wurde am Originalstandort der **Archäologiepark Belginum** errichtet. Die in Bestattung und Siedlung (400 v. Chr.–400 n. Chr.) einzigartige Fundstätte liefert Erkenntnisse über die Kultur der Kelten und das Leben der römischen Zeit. Das mittlerweile vollständig erforschte Gräberfeld umfasst über 2500 Grabstätten. Das Ensemble aus Siedlung, mehreren Tempelbezirken, keltisch-römischem Gräberfeld und römerzeitlichem Militärlager ist in dieser Form einmalig. Es war bereits in der Tabula Peutingeriana, einer Straßenkarte des römischen Reiches des 2./3. Jahrhunderts, unter dem Siedlungsnamen »vicus belginum« eingetragen.

DEUTSCHES TELEFON-MUSEUM Das Museum beherbergt die mit 2000 Exponaten größte Sammlung an Fernsprechapparaturen, von den Anfängen der elektrischen Telekommunikation bis zur Gegenwart. Die interaktive Ausstellung umfasst zwei Ebenen und neun verschiedene Räume.

18

WAHRZEICHEN DES HUNSRÜCKS

Die **Burgruine Baldenau**, die einzige Wasserburg im Hunsrück, liegt landschaftlich schön eingebettet im Tal der Dhron. Als Wahrzeichen des Hunsrücks ist sie eines der meistfotografierten Motive der Gegend. Die Burg wurde um 1320 durch Balduin von Luxemburg, Kurfürst und Erzbischof von Trier, errichtet. Der Turm hat einen Durchmesser von etwa 10,50 Metern und eine Mauerstärke von 3,50 Metern. Die Höhe des Turmes beträgt insgesamt 25 Meter, sein Eingang liegt in zwölf Meter Höhe.

Die Zerstörung im pfälzischen Erbfolgekrieg 1689 war derart schwerwiegend, dass die Burg nicht mehr bewohnbar war und nach und nach verfiel. In den 1980er-Jahren wurden Maßnahmen zur Erhaltung, Sicherung und teilweisen Wiederherstellung der Burgruine Baldenau durchgeführt und der Wassergraben wiederhergestellt.

Der Förderverein der Burg Baldenau lädt Ende Mai/Anfang Juni zum alljährlichen Mittelalterspektakel **»Kurfürst Balduins Bogenspectaculum«** ein. Dabei sorgen zahlreiche Markthändler und Lager dafür, dass man ins Zeitalter des 14. und 15. Jahrhunderts eintauchen kann.

WOCHENMARKT Auf dem Unteren Markt in Morbach laden das ganze Jahr hindurch jeden Mittwoch von 8 bis 14 Uhr Marktstände mit Eiern, Obst, frischem Gemüse und vielem mehr zum Einkaufsbummel ein.

◀ Die St. Matthäus-Kirche … ▶ … und der Marktplatz in Thalfang am Erbeskopf

Schmucke bunte Holzhäuschen im Reisemobilhafen Morbach

Tipp

Ein empfehlenswertes Sinneserlebnis mit zahlreichen positiven Effekten für Gesundheit und Wohlbefinden bietet der »Barfußpfad Thalfang«. Über eine Strecke von 800 Metern führt der Barfußweg vom Ausgangspunkt beim Kurpark durch das Morschteler Bachtal zum Wassertretbecken unterhalb des Ferienparks Himmelberg. Denselben Weg geht es zurück zum Ausgangspunkt, wo es nach 1,6 Kilometern unbeschuhter Wanderung eine Gelegenheit zum Füßewaschen gibt. Der Weg führt über Wiesen und ist reich mit Erlebnisstationen ausgestattet. Abschnitte mit verschiedenen Bodenbelägen und Strecken durch Bachlauf und Schlamm sorgen für Abwechslung für die Füße.

MIT DEM RAD UNTERWEGS

Abwechsunglsreiche 21 Kilometer erwarten die Sportler auf der **Mountainbike-Route** durch den Hunsrück. Von Thalfang aus geht es nach einem kurzen Anstieg über den Haardtwald in Richtung Berglicht und nach einer rasanten Abfahrt ins malerische Gräfendhron, entlang der Dhron weiter und wieder auf die Hunsrückhöhen zurück. Insgesamt gilt es, knapp 300 Höhenmeter zu überwinden.

Eine schöne Rundroute, vom Keltischen Ringwall ausgehend um den kompletten Nationalpark Hunsrück-Hochwald, ist die **Nationalpark-Radroute**. Die Tour führt zu allen Nationalparktoren, durch stille Waldpassagen und Bachtäler und immer wieder hinauf auf die Hunsrückhöhen, von wo grandiose Aussichten garantiert sind. Nähere Informationen zu den Routen sind in der Tourist-Information Thalfang erhältlich.

AUF EINEN BLICK

Info

STADT/REGION: Erbeskopf
BESTE REISEZEIT: ganzjährig
OPTIMALE REISEDAUER: 2–3 Tage
TOURISTINFO: Tourist-Information Thalfang am Erbeskopf, Saarstraße 3, 54424 Thalfang, Tel. 06504/95 40 97, erbeskopf.de
Tourist-Information Morbach, Bahnhofstraße 19, 54497 Morbach, Tel. 06533/71-117, morbach.de

NICHT VERSÄUMEN

ERBESKOPFTURM
SKULPTURENWEG ERBESKOPF: Skulpturenweg, Am Erbeskopf, 54426 Hilscheid, Tel. 06504/778, erbeskopf.de
NATIONALPARK HUNSRÜCK-HOCHWALD: nationalpark-hunsrueck-hochwald.de
ARCHÄOLOGIEPARK BELGINUM: Keltenstraße 2, 54497 Morbach, Tel. 06533/95 76 30, belginum.de
DEUTSCHES TELEFON-MUSEUM: Jugendherbergstraße 25, 54497 Morbach, Tel. 06533/95 86 26, deutsches-telefon-museum.eu
BURGRUINE BALDENAU/MITTELALTERSPEKTAKEL: Förderverein der Burg Baldenau, 54497 Morbach, baldenau.de
BARFUSSPFAD THALFANG: Talstraße 3, 54424 Thalfang, barfusspark.info

REISEMOBILHAFEN THALFANG

ADRESSE: Talweg, am Erholungs- und Gesundheitszentrums, 54424 Thalfang, Tel. 06504/95 40 97, luftkurort-thalfang.de/tourismus/reisemobil-stellplaetze
GPS: 49.75142, 6.99866
Die Stellplätze liegen am Festplatz, ganz in der Nähe zum Kurpark und zu den wichtigsten Attraktionen und Einkaufsmöglichkeiten. Ruhige Lage abseits der Hauptverkehrsstraßen. Strom- und Wasseranschlüsse, Ver- und Entsorgungsstation vorhanden. Tourist-Information, Erholungs- und Gesundheitsbad, Sauna, Liegewiese in Stellplatznähe.

ORTS- UND SACHREGISTER

CAMPING- UND STELLPLÄTZE

IMPRESSUM

Verantwortlich: Kerstin Thiele
Lektorat: Helga Peterz
Layout- und Umschlaggestaltung:
Helene Schumacher
Satz: Silke Schüler
Repro: LUDWIG:media
Kartografie: Huber Kartografie
Herstellung: Anna Katavic
Printed in Poland by CGS Printing

Unser komplettes Programm finden Sie unter

www.bruckmann.de

★★★★★

Sind Sie mit diesem Titel zufrieden? Dann würden wir uns über Ihre Weiterempfehlung freuen. Erzählen Sie es im Freundeskreis, berichten Sie Ihrem Buchhändler, oder bewerten Sie bei Onlinekauf. Und wenn Sie Kritik, Korrekturen, Aktualisierungen haben, freuen wir uns über Ihre Nachricht an Bruckmann Verlag, Postfach 40 02 09, D-80702 München oder per E-Mail an lektorat@verlagshaus.de.

Alle Angaben dieses Reiseführers wurden von den Autoren sorgfältig recherchiert sowie vom Verlag geprüft. Für die Richtigkeit der Angaben kann jedoch keine Haftung übernommen werden, weshalb die Nutzung auf eigene Gefahr erfolgt. Insbesondere bei GPS-Daten können Abweichungen nicht ausgeschlossen werden. Bei Links auf Webseiten Dritter machen wir uns die Inhalte derselben nicht zu eigen und übernehmen für diese keine Haftung.
Aus Gründen der besseren Lesbarkeit verwenden wir in diesem Buch das generische Maskulinum. Weibliche und anderweitige Geschlechter-Identitäten werden dabei ausdrücklich mitgemeint, soweit es für die Aussage erforderlich ist.

Bildnachweis: Die Bilder im Innenteil und auf dem Umschlag stammen von Udo Bernhart. Illustrationen: Tiwat K/Shutterstock: passim

Umschlagvorderseite: Blick von der Aussichtsplattform Prinzenkopf auf der Mosel
Umschlagrückseite: Marktplatz in Bad Camberg

Die Deutsche Nationalbibliothek verzeichnet diese Publikation in der Deutschen Nationalbibliografie; detaillierte bibliografische Daten sind im Internet über http://dnb.d-nb.de abrufbar.

ISBN 978-3-7343-2715-5